# EXPERIMENTOS SENCILLOS CON ANIMALES Y PLANTAS

## Glen Vecchione

### Ilustraciones de Horacio Elena

**Dedicatoria**
Para Briana y Nicholas.

Colección dirigida por Carlo Frabetti

Títulos originales: *100 First-Prize Make-It-Yourself Science Fair Projects* (selección páginas: 42-59 y 162-180) y *100 Award-Winning Science Fair Projects* (selección páginas: 147-153 y 155-175)
Publicados en inglés por Sterling Publishing Co., Inc., New York

Traducción de Irene Amador

Diseño de cubierta: Valerio Viano

Ilustración de cubierta e interiores: Horacio Elena


Distribución exclusiva:
Ediciones Paidós Ibérica, S.A.
Mariano Cubí 92 – 08021 Barcelona – España
Editorial Paidós, S.A.I.C.F.
Defensa 599 – 1065 Buenos Aires – Argentina
Editorial Paidós Mexicana, S.A.
Rubén Darío 118, col. Moderna – 03510 México D.F. – México

© 1998, Sterling Publishing Co., Inc., New York
© 2001, Sterling Publishing Co., Inc., New York

© 2002 exclusivo de todas las ediciones en lengua española:
Ediciones Oniro, S.A.
Muntaner 261, 3.° 2.ª – 08021 Barcelona – España
(oniro@edicionesoniro.com - www.edicionesoniro.com)

ISBN: 84-9754-007-7
Depósito legal: B-13.348-2002

Impreso en Hurope, S.L.
Lima, 3 bis – 08030 Barcelona

Impreso en España – *Printed in Spain*

# Agradecimientos

Quiero dar las gracias a cuantos me han ayudado
a diseñar y ensayar los experimentos de este libro:

Holly, Rick y R. J. Andrews
Lenny, Claire y Kyrstin Gemar
Cameron y Kyle Eck
Lewis, Hava y Tasha Hall
Jeri, Bryan y Jesse James Smith
Tony y Kasandra Ramirez
Joe, Kate y Micaela Vidales
Debbie y Mark Wankier
Stephen Sturk
Nina Zottoli
Eric Byron
Andy Pawlowski

Vaya también mi especial agradecimiento para
mi amigo David Lee Ahern

Y como siempre,
*para Joshua, Irene y Briana Vecchione*

# Índice

# Plumas de pájaro
# y cajas de bichos

# Hormigas arquitecto

**Material necesario**
2 frascos de boca ancha
Una lata
Un plato pequeño
Una red
Una goma elástica
Una pala
Papel blanco
Una muestra de tierra con hormigas
Unos guantes de jardinería
Un trozo de madera pequeño
Un molde de hojalata
Cartulina negra
Cinta adhesiva

Este experimento te ayudará a observar el entramado de galerías y túneles y conocer la organización social de una colonia de hormigas. Lo único que necesitas son dos frascos de cristal, una lata, un molde de hojalata, tierra y, por supuesto, hormigas.

**Procedimiento**
1. Remueve con suavidad la tierra situada bajo una piedra plana y recoge con la pala unas cuantas hormigas obreras. Coloca la muestra de tierra sobre la hoja de papel blanco y revuélvela poco a poco. Cuando las hormigas empiecen a dispersarse, dobla el papel y vuélcalo sobre el frasco. Pon la tapa, sin enroscarla.

   **PRECAUCIÓN:** Utiliza los guantes de jardinería cuando recojas las hormigas. Algunas especies pican.

2. Continúa excavando bajo la piedra, hasta que observes que hay larvas de hormiga. Entonces, recoge otra muestra de tierra y deposítala sobre un papel blanco. Separa la tierra con suavidad y verás cómo aparece una reina grande y pálida. Si no apareciera, coge otra muestra de tierra y repite la operación.

3. Mete la reina en el frasco y tápalo de nuevo. Déjalo en un sitio tranquilo, donde se pueda desarrollar tu colonia de hormigas.

4. Coloca la lata en el interior del segundo frasco. Quita la tapa del primer bote y con la ayuda de una cuchara traslada la tierra y las hormigas de frasco. Ten mucho cuidado para que durante el trasvase no sufran ningún daño las hormigas y, en especial, la reina.

5. Cuando hayas rodeado la lata con la tierra y las hormigas, coloca encima un plato pequeño con agua. Tapa el frasco con la red y sujétalo con la goma.

6. Llena parcialmente el molde de hojalata con agua y dispón en el centro el bloque de madera.
7. Sitúa el frasco con la colonia de hormigas sobre la madera, de manera que el agua forme una especie de foso a su alrededor. Esto evitará que las hormigas más hábiles o pequeñas escapen a través de la red.
8. Con la cartulina negra fabrica una tira que te permita cubrir por completo el frasco. Cuando lo hayas tapado, colócalo en un lugar cálido y deja tranquilas a las hormigas durante 24 horas.
9. Quita la tira de cartulina para observar a las hormigas; de vez en cuando, deja en el interior trocitos de pan para alimentar a tu colonia.

## Resultado

Las hormigas construyen una compleja red de túneles interconectados junto a la superficie interna del frasco. Algunos túneles terminan en pequeñas cámaras donde se crían las larvas.

## Explicación

Tus hormigas, al sentirse tranquilas por la presencia de su reina y porque no las molestas más, no pierden el tiempo y construyen su casa. Las colonias de hormigas tienen una compleja red de túneles, cámaras, nidos para larvas e incluso «huertos» de mohos nutritivos. La complejidad del sistema de túneles depende del tamaño de la colonia. ¡Puedes llegar a descubrir incluso un cementerio! La estructura social de las colonias de hormigas se compone normalmente de tres tipos: hembras fértiles aladas; hembras infértiles aladas u obreras; y machos alados. En algunas especies existen obreras especializadas, como soldados u otros tipos de especialización.

Sin la cartulina negra, las hormigas construyen túneles hacia el interior y no se acercan a la superficie del frasco.

## ¿Lo sabías?

No todas las hormigas viven en túneles. Algunas especies viven en montículos que levantan sobre el suelo, otras habitan en el interior de la madera. Los ejércitos de hormigas se desplazan con rapidez, en formación de columnas, y destruyen las plantas y los animales que encuentran a su paso. Cuando se detienen por espacio de poco tiempo, viven en estructuras laberínticas fabricadas con sus propios cuerpos.

# Embudo Berlese
## para parásitos de la tierra

**Material necesario**
Una hoja de cartulina
Una red (no muy fina)
Cinta adhesiva
Un frasco de cristal grande
Detergente líquido
Una cuchara
Un foco direccional
Una pala excavadora
Un cubo
Una muestra de tierra

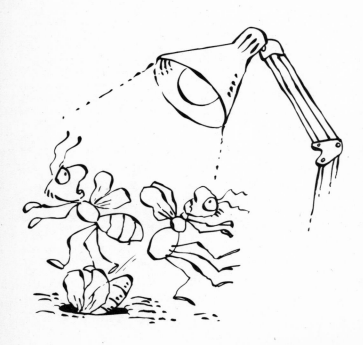

Un jardín puede ser arrasado en una sola noche si contiene algo de tierra en la que hayan anidado algunos bichos. Estos insectos, escondidos bajo las hojas podridas y otros desechos o tendidos bajo una delgada capa de tierra, saldrán en la oscuridad y se comerán toda una plantación de tomates o las flores de un jardín. A menos que pases toda una noche en vela con linternas, será muy difícil que descubras a los autores de este repugnante piscolabis. Pero con la ayuda de un embudo Berlese (el nombre es un homenaje a su inventor), diseñado con habilidad, puedes encontrar y atrapar a estos bichos.

## Procedimiento

1. Traza la figura adjunta en la cartulina y recórtala; forma un cono ancho y pega juntos los extremos.

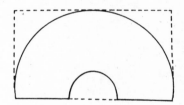

2. Corta la red del mismo tamaño que la sección más estrecha del cono y pégala, ajustándola a los laterales.
3. Llena el frasco grande con agua y añade una cucharada de detergente líquido (15 ml).
4. Coloca la zona más estrecha del cono sobre la boca del recipiente, de forma que el cono se mantenga erguido encima.
5. Con la pala, llena el cubo de muestras de tierra que habrás recogido en la zona inferior de arbustos o grandes matorrales de plantas, situadas en zonas sombrías.

6. Vacía la tierra sobre el cono.
7. Coloca un foco direccional sobre el extremo más ancho del cono, enfocando a la tierra.
8. Deja la luz encendida toda la noche.

## Resultado

Por la mañana, descubrirás que un buen número de insectos están en el agua del frasco. Estos insectos son un buen ejemplo del tipo de plagas que anidan en la tierra de tu jardín.

## Explicación

Puesto que los insectos de la tierra odian la luz y el calor, excavan sus madrigueras bajo la tierra y caen al agua a través de la red.

# Plumas flotantes

## Material necesario

2 plumas blancas compradas
   (*No utilices plumas encontradas*)
Un cuenco grande con agua
2 cucharadas de detergente líquido (30 ml)
Colorante azul
2 trozos de algodón
Pinzas
Toallitas de papel

Este experimento te demostrará los efectos de la contaminación del agua, originada por los detergentes que flotan en la superficie, en los pájaros. El excesivo uso de detergentes y jabones contamina al agua y finalmente llega hasta las reservas naturales subterráneas. Las charcas y los lagos, por ejemplo, se reaprovisionan del agua subterránea contaminada.

## Procedimiento

1. Llena el cuenco con agua y añade el colorante azul.
2. Con las pinzas y con cuidado posa sobre al agua una de las plumas blancas.
3. Después de transcurrido 1 minuto, pasa suavemente un trozo de algodón sobre la superficie de la pluma. Observa el algodón.
4. Saca la pluma y déjala sobre una toallita de papel.
5. Añade al agua 2 cucharadas (30 ml) de detergente líquido. Agita el agua hasta que obtengas burbujas.
6. Con cuidado, deposita la segunda pluma sobre el agua.

7. Espera 1 minuto y pasa un algodón limpio sobre la superficie de la pluma. Examina el algodón.
8. Saca la pluma y ponla sobre una toallita de papel hasta que se seque.

### Resultado
Las dos plumas flotan, pero la pluma que depositaste sobre el agua jabonosa está mojada en la zona superior porque el agua la ha traspasado. Cuando la frotes suavemente con el algodón, observarás que la punta se ha teñido con el color azul del agua.

### Explicación
Para comprender lo que sucede, tenemos que observar con atención las plumas. El *cañón* es el vástago de la pluma por el que se une al cuerpo del pájaro, está hueco en su mayor parte y ayuda a los pájaros a flotar. A partir del cañón y a ambos lados se extienden unas finas barbas, barbillas con garfios, que se entrelazan unas a otras formando una superficie continua.

Al añadir jabón al agua se rompe la tensión superficial, por lo que el agua penetra a través de las impermeables barbillas. Además, el jabón disuelve las grasas naturales de las plumas, de modo que los pájaros son más «pesados» en el agua, menos hábiles para impulsarse a sí mismos y se cansan más. Los patos, cisnes, garcetas, así como las nutrias y castores, pueden ahogarse en el agua contaminada con jabón.

**¿Lo sabías?**
Los plumeros naturales limpian gracias a su pequeña capa de grasa viscosa. Lo mismo sucede con los paños del polvo de lana natural. Pero en el caso de la lana, la grasa, *lanolina*, también se utiliza como base para muchos cosméticos.

# Trampa para insectos nocturnos

## Material necesario
Una caja de cartón de tamaño medio con solapas
Papel de aluminio
Una linterna
Cuerda resistente
Un calcetín viejo
Una goma elástica
Cola
Un frasco de cristal
Clips
Tijeras
Pintura blanca
Una brocha
Una regla

Esta trampa para insectos nocturnos te permitirá cazar bichos sin utilizar productos químicos perjudiciales. Del mismo modo, la trampa te proporcionará una buena cantidad de las clases de insectos de tu región y los resultados variarán en función de la estación, la temperatura y la ubicación o el lugar.

## Procedimiento
1. Pinta el interior y el exterior de la caja de color blanco, a excepción del fondo. Deja que se seque la pintura.
2. Cubre el fondo de la caja con cola y una hoja de papel de aluminio.
3. Recorta un triángulo en cada lado de las cuatro solapas, de manera que los bordes cortados no se superpongan, sino que queden unidos.
4. Empuja las solapas hacia el interior de la caja, de

modo que queden como si fueran el marco de un cuadro, con los bordes cortados unidos. No pegues las solapas, porque necesitarás apartarlas para construir el soporte de la trampa e introducir la linterna.

5. Gira la caja de modo que las solapas queden mirando hacia ti y recorta un agujero de unos 10 cm aproximadamente en el «suelo» de la caja.

6. Recorta la punta de un calcetín viejo y estira e introduce un extremo en el agujero. Fija el calcetín al agujero con la ayuda de los clips, introduciéndolos tanto en la tela como en el cartón. Obtendrás finalmente un tubo-calcetín que sobresale de la caja.

7. Sujeta el otro extremo del calcetín al borde del

frasco de cristal y asegúralo con la goma, dándole varias vueltas.

8. Haz dos agujeros (lo más pequeños posibles) en el tejado de la caja, centrándolos en relación con el fondo. La posición de los agujeros tiene que neutralizar el peso de la linterna y fijar la caja del lugar de donde se cuelgue, en equilibrio. Introduce la cuerda a través de los agujeros.

9. Inserta la linterna de modo que la mayor cantidad de luz posible se refleje sobre el papel de aluminio. Cierra las solapas de la caja, formando el marco de un cuadro de nuevo y cuelga tu caja de un árbol, de modo que el calcetín y el frasco de cristal queden debajo. Es una buena idea mantener tu trampa lo más alejada posible de otra fuente de luz.

10. Comprueba periódicamente el frasco. Si es necesario, deja la trampa fuera toda la noche y observa tus especímenes por la mañana.

## Resultado

El frasco se llena de insectos nocturnos, en especial de polillas y mosquitos.

## Explicación

Puesto que los insectos utilizan al Sol y la Luna para orientarse, se dirigirán hacia una fuente de luz brillante. Atraídos por la luz del interior de la caja, entrarán en ella, pero no podrán salir fácilmente por la disposición de las solapas. Muchos insectos, como por ejemplo las polillas, vuelan en círculo alrededor de una luz hasta que quedan agotados. Después de revolotear algunas veces, caerán en tu frasco a través del calcetín.

## Consejo

Realiza fotografías del proceso de construcción de la trampa y haz una exposición. No olvides hacer una foto de la trampa en el medio ambiente y toma nota de la hora nocturna, de las condiciones climáticas y del tiempo que permanece colgada.

Investiga el tipo de insectos que has capturado y haz una exposición con los insectos vivos, si es posible. Muchas especies de insectos, como por ejemplo la mantis religiosa, son muy beneficiosos y no se les debe causar daño. Las guías de insectos son un magnífico recurso para identificar la vida de los insectos en diversas localizaciones geográficas. Puedes exponer los insectos en un tarro y ponerles un poco de pan remojado en azúcar como alimento.

Si quieres ampliar tu proyecto, traslada la trampa a otras áreas y compara las diferentes clases de insectos que recolectes. Descubrirás que la vida de los insectos nocturnos varía de una zona a otra, especialmente cuando hay agua cerca.

## ¿Lo sabías?

Los insectos ven el mundo de forma muy diferente a los mamíferos. Muchos insectos sólo pueden ver espectros de color altos y ultra altos, como por ejemplo el azul, violeta y ultravioleta. Este tipo de percepción del color les permite ver el Sol a través de las nubes y los ayuda a orientarse. Los científicos también sospechan que pueden tener otras extraordinarias habilidades, como por ejemplo, patrones de reconocimiento, lo que les permite identificar variedades de plantas con flores, incluso a grandes distancias.

# Comedero para colibríes

## Material necesario
Una botella trasparente de detergente líquido
2 pajitas de plástico
Un clavo largo
Un lápiz afilado
Pegamento
Agua azucarada
Colorante rojo
Cuerda

Con una botella trasparente de detergente y unas cuantas pajitas de plástico puedes hacer un comedero para colibríes y al mismo tiempo demostrar los efectos de la presión atmosférica. La botella trasparente es mejor porque los pájaros se sentirán atraídos por el color rojo y el olor del agua azucarada.

## Procedimiento
1. Lava bien la botella hasta que haya desaparecido cualquier rastro del detergente. Guarda el tapón, lo necesitarás después.
2. Pide a una persona mayor que con el clavo te ayude a hacer cuatro agujeros equidistantes, cerca del fondo del frasco. Si el bote es cuadrado, haz dos en cada lado.
3. Ensancha los agujeros con el lápiz afilado, pero insertándolo en ángulo (hacia el fondo del bote), de modo que los agujeros adquieran una forma ovalada. Es la mejor manera para que puedas introducir las pajitas en ángulo.
4. Corta las dos pajitas por la mitad y con mucho

cuidado inserta las cuatro piezas en los agujeros. Introduce unos dos tercios de cada pajita en el interior de la botella, asegurándote de que formen un ángulo de unos 45°.

5. Para evitar que el comedero de colibríes rezume, aplica pegamento en el borde de los agujeros por los que has introducido las pajitas. Deja que el pegamento seque durante toda la noche.

6. Para la solución, mezcla una taza (250 ml) de azúcar en dos tazas (500 ml) de agua y añade unas cuantas gotas de colorante rojo.

7. Antes de empezar a llenar el comedero, introdúcelo en el fregadero. Pon un embudo en la boca del frasco.

8. Vierte la solución en el comedero con rapidez y

mucho cuidado. La solución se derramará a través de las pajitas, hasta que coloques de nuevo el tapón.

9. Asegúrate de que el tapón esté bien apretado y ata una cuerda a su alrededor. Cuelga tu comedero de colibríes cerca (pero no demasiado) de una ventana, desde donde puedas divertirte mirando.

## Resultado

La solución asciende hasta la punta de las pajitas, pero no se derrama.

## Explicación

La presión atmosférica permite que la mayor parte del líquido de tu comedero para colibríes quede en el interior de la botella y sólo ascienda a través de las pajitas la cantidad necesaria para atraer a los colibríes. Antes de que volvieras a colocar el tapón de la botella, la presión atmosférica actuaba más sobre el líquido que sobre las bocas de las pajitas y, por lo tanto, la solución rezumaba. Pero al colocar el tapón, la presión disminuyó en el interior y aumentó en el exterior.

# Senda de hormigas

**Material necesario**

Una caja de cartón poco profunda y con tapa
Un cristal sacado del marco de una fotografía
   (debe cubrir completamente la caja de cartón)
Pintura blanca y una brocha
Cinta adhesiva
Tijeras
Una pala de jardinero
Un frasco con tapa
Guantes de jardinería
Un plato pequeño
Un plátano
Azúcar

¿Has visto alguna vez una hilera de hormigas saliendo de un bocadillo, durante un día de campo? ¿Cómo localizaron el bocadillo? Este experimento te enseñará algunas de las claves.

**Procedimiento**

1. Quita la tapa de la caja y pinta de color blanco el interior.
2. Corta de forma longitudinal la tapa de la caja y haz dos muescas, a unos 15 cm aproximadamente de cada uno de los extremos.
3. Dobla los extremos de esta pieza de modo que se ajuste perfectamente a la caja y la divida por la mitad. Pégalos con cinta adhesiva.
4. Busca en el exterior algún hormiguero en activo. Ponte los guantes de jardinero y con la pala haz un corte profundo en el suelo, a unos 5 cm aproximadamente de la entrada del hormiguero. Con

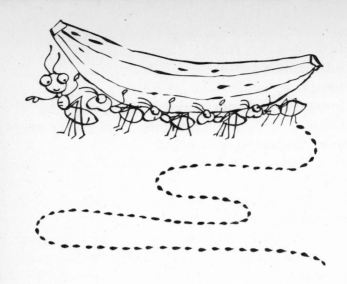

rapidez, vuelca la tierra en el frasco y enrosca la tapa.

5. Corta un trocito de plátano y colócalo en el platito. Espolvorea un poco de azúcar sobre el plátano y luego rocíalo con agua. Sitúa el plato en la mitad de la caja, cerca de una esquina.

6. Quita la tapa del frasco y vierte rápidamente la tierra con las hormigas en la otra mitad de la caja. Pon inmediatamente la tapa de cristal.

## Resultado

En primer lugar, las hormigas dan vueltas a toda velocidad de forma desordenada. Pero después de transcurridos unos 20 minutos, empiezan a calmarse y comienzan a explorar su nuevo medio ambiente. Pronto, unas cuantas hormigas encontrarán las muescas en la división de la caja y cruzarán a la otra mitad donde se encuentra el plátano. Después de una hora, descubrirás un largo rastro de hormigas en marcha hacia el piscolabis de plátano y desde aquí hacia las muescas.

## Explicación

Las hormigas poseen un complejo sistema de comunicación basado en el olfato que utiliza una sustancia química, *feromona*, que secreta su organismo. Por lo general, una hormiga descubre una fuente de alimento, el azúcar que cubre el plátano en este caso, y deja un rastro de feromona que sirve de guía a otras hormigas. Cuantas más hormigas siguen el rastro, más se incrementa el olor por la cantidad de feromona. Es interesante observar que si una hormiga se extravía o serpentea en torno a un guijarro o un trozo de leña, las otras hormigas la seguirán obedientemente, a pesar de que otra ruta más directa pueda resultar mucho más eficaz.

La obtención de alimento es sólo una de las señales que emite la feromona, que funciona también como un complejo sistema de mensajes químicos. Si molestas a una hormiga asustándola, inmediatamente enviará una señal de feromona advirtiendo a otras hormigas que se encuentren en un cierto radio para que eviten el peligro. Pero más allá de este radio, los cambios químicos de la señal advertirán a las hormigas soldados de que deben emprender un ataque.

## Consejo

Conserva tu caja de hormigas y el rastro de feromona, incrementando la comida si fuera necesario. Las hormigas pueden sobrevivir una semana sin su reina, pero morirán poco después.

## ¿Lo sabías?

Las hormigas son la única especie de insectos que utiliza señales químicas para comunicarse. La polilla, por el contrario, utiliza antenas plumosas, denominadas *quimiorreceptores*, para detectar el olor de los individuos del sexo opuesto. Estos receptores son increíblemente sensibles y pueden detectar el olor de otra polilla a kilómetros de distancia.

# ¿En qué se parece una mariposa a un elefante?

**Material necesario**
Un acuario de cristal pequeño
Un trapo de algodón o una hoja
    para cubrir el acuario
Una lupa grande
Una red cazamariposas
Un frasco de cristal con tapa
Un trozo de arcilla
Una pieza de madera
Un plátano maduro
Azúcar

Por supuesto, una mariposa no se parece a un elefante, pero la forma de comer de ambos es semejante. Los insectos tienen en la boca estructuras especializadas, perfectamente adaptadas a la clase de alimentos que comen. Por ejemplo, la hormiga y el saltamontes tienen poderosas *mandíbulas* que cortan hasta las plantas más resistentes. La mariposa, que se alimenta de néctar, posee una de las bocas más extrañas: un largo tubo, *espiritrompa*, que mantiene enrollado hasta que siente hambre. Cuando una mariposa descubre algo dulce, desenrolla su espiritrompa y husmea en busca de la fuente de dulzura. Cuando la encuentra, el tubo absorbe la comida.

El largo y flexible hocico del elefante, al que llamamos trompa, se denomina probóscide.

**Procedimiento**
1. Si no tienes una red cazamariposas, puedes fabricarte una cosiendo una funda de almohada vieja

en un trozo de alambre, doblado en forma de círculo. Pega el alambre a un palo de madera de unos 30 cm.

2. Captura unas cuantas mariposas y guárdalas en el frasco de cristal. Saca a las mariposas de la red con cuidado de no herirlas, sujetándolas suavemente con las dos alas juntas.

3. Prepara el acuario y coloca un trozo de arcilla en el fondo, cerca del cristal. Clava la pieza de madera de forma vertical encima.

4. Moldea con la arcilla restante una pequeña taza y ponla sobre la pieza de madera.

5. Introduce un trozo de plátano maduro en la taza, espolvoréalo con algo de azúcar y remójalo luego con un poco de agua.

6. Coloca la lupa sobre el cristal del acuario y cerca de la pieza de madera.

**7.** Libera a las mariposas en el acuario y cúbrelo con el trapo.

## Resultado

Al principio, las mariposas revolotearán furiosamente. Pero transcurridos unos cuantos minutos, se calmarán y empezarán a explorar su nuevo medio ambiente. Por último, una de las mariposas encontrará el plátano cubierto de azúcar y aterrizará en el borde de la taza. Con mucho cuidado acércate y mira a través de la lupa. Debes tener paciencia e intentarlo varias veces, antes o después, verás a la mariposa desenrollar su espiritrompa y empezar a absorber.

## Explicación

La mariposa siente un alimento dulce y suave como el néctar, su plato favorito. Primero usa su espiritrompa para investigar la fuente de alimento y luego la succiona. Si tu plátano es bastante blando, notarás como comienza a desaparecer a medida que se mueve el tubo de un lugar a otro.

## Consejo

No debes mantener las mariposas en cautividad más de una semana. Libera a las mariposas cuando hayas realizado el experimento y antes de finalizado este plazo.

# Ser un web master

**Material necesario**

Cartulina negra
Tijeras
Guantes de jardinería
Pegamento en spray
Barniz en spray
Un buen ayudante

Este proyecto te ayudará a convertirte en un web master o al menos en un maestro en la recolección de telarañas. La mejor estación para las telarañas es el principio de la primavera, y la mejor hora para localizarlas es por la mañana temprano.

Antes de salir a la recolección, debes saber que algunas especies de arañas son peligrosas. Cuando veas una tela esférica, debes mirar hacia el borde por si está la araña. Busca una buena guía de insectos de tu región y procura identificar a las arañas, antes de recoger la tela. Muchas especies de arañas venenosas tejen telarañas esféricas, entre otras, la viuda negra. Las telarañas de forma triangular y en nudos pertenecen normalmente a las variedades de arañas de jardín, del orden Araneae, y no son peligrosas.

**Procedimiento**

1. Cuando encuentres un espécimen de telaraña que te guste, ponte los guantes de jardinería y, con cuidado, coloca la cartulina negra debajo y contra la telaraña. Pide a tu ayudante que sostenga el spray del pegamento y las tijeras.
2. Pulveriza una delgada capa de pegamento sobre la telaraña y la cartulina y, con rapidez, corta los hi-

los que sobresalen de la cartulina para liberar la telaraña.

3. Deja que seque el pegamento, y luego pulveriza una capa ligera de barniz para conservar la telaraña. Ponlo a secar durante toda la noche.

## Resultado

Tendrás un espécimen de telaraña perfectamente conservado. Las diversas partes de la telaraña puedes observarlas con una lupa.

## Explicación

A lo largo de millones de años, las arañas hembras han desarrollado diversos tipos de diseños de telarañas, adaptadas al medio ambiente y al tipo de alimentos que ingieren. Las telarañas tienen varias partes: la base o anclaje de los hilos que es lo primero que teje la araña. El resto se completa a partir de los hilos de la base.

La seda de la telaraña la producen unos órganos especializados que se localizan en el abdomen, el *pezón hilador.*

## Consejo
Monta cada una de las telarañas sobre un marco de cristal y añade información del lugar donde la encontraste.

## ¿Lo sabías?
Un grupo de científicos envió en una misión espacial a unas arañas para descubrir cómo hilaban sus telas en un medio ingrávido. Los astronautas descubrieron que, tras unos momentos de confusión, las arañas empezaban a tejer sus telas del mismo modo que cuando estaban en la Tierra.

# Postre para pájaros

## Material necesario

Un recipiente de plástico poco profundo
  (que no necesites volver a utilizar)
Grasa de beicon, de hamburguesas
  o de cualquier tipo de carne
Trocitos de manzana, pan, pasas, nueces o semillas
  de girasol
2 cuencos reutilizables, uno más pequeño que el otro
Un cuchara
Cuerda resistente
Tijeras

Aunque no seas un gran cocinero, podrás elaborar un delicioso postre para pájaros, un suculento banquete para los pájaros hambrientos durante el invierno,

cuando las plantas y los bichos de los que se alimentan escasean.

## Procedimiento

1. Llena el cuenco reutilizable más grande hasta la mitad con agua tibia, no muy caliente.
2. Mete la grasa en el cuenco reutilizable más pequeño y añade los trocitos de comida.
3. Introduce el cuenco pequeño en el grande para que la grasa se ablande.
4. Remueve los pedacitos de comida en la grasa fundida y luego saca el cuenco.
5. Utiliza las tijeras para recortar cuatro hendeduras bien espaciadas alrededor del borde del cuenco de plástico.
6. Corta cuatro trozos de cuerda y haz un nudo en un extremo de cada uno de ellos.
7. Introduce los extremos anudados de la cuerda por cada una de las hendeduras del cuenco de plástico, de forma que pueda sostenerse por las cuerdas.
8. Haz un nudo a las cuatro cuerdas juntas, uniendo los otros extremos.
9. Echa con la cuchara en el cuenco de poco fondo el postre para pájaros enfriado, y extiéndelo de forma horizontal.
10. Ata una cuerda larga al nudo de las cuatro cuerdas.
11. Cuelga de un árbol tu comedero con el postre para pájaros.

## Resultado

El diseño de tu comedero hace que sea muy fácil para cualquier tipo de pájaro posarse y comer. Los acrobáticos gorriones pueden colocarse sobre los bordes del cuenco o encima de la cuerda que lo sostiene, mientras que las urracas, de mayor tamaño, probablemente se asentarán en el centro. Tal vez veas a algunos pájaros luchar y competir por la comida, pero si rellenas con regularidad el comedero, mantendrás contentos a todos los pájaros.

## Explicación

Durante los fríos meses de invierno, los animales ansían la grasa que les proporciona la energía que necesitan. Los pájaros no son una excepción. Puesto que la grasa tiene muchas calorías y éstas mucha energía, pequeñas porciones de grasa proporcionan tanta energía como porciones mayores de proteínas, escasas en esta época del año. Observa tu comedero a diferentes horas del día y verás diversas clases de pájaros.

# El color favorito de los bichos

## Material necesario

Cartulinas de color rojo,
amarillo, verde,
azul y morado
Una hoja de papel
blanco
Un lápiz o un rotu-
lador
Un reloj
Una regla
Una carpeta con
sujetapapeles
Miel

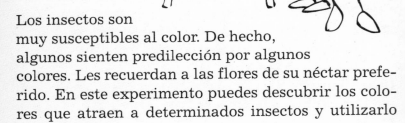

Los insectos son
muy susceptibles al color. De hecho,
algunos sienten predilección por algunos
colores. Les recuerdan a las flores de su néctar prefe-
rido. En este experimento puedes descubrir los colores que atraen a determinados insectos y utilizarlo
como un truco.

## Procedimiento

1. Dibuja en la hoja de papel blanco una tabla con
   casillas. En la parte superior, es decir, en la primera hilera de casillas horizontales, pon el nombre de un insecto en cada casilla (por ejemplo,
   mosca, abeja, polilla, mosquito, mariposa...). En
   la primera fila de las verticales pon los colores de
   las cartulinas: rojo, amarillo, verde, azul y morado.
2. Haz una copia de la tabla.

3. Pon en el sujetapapeles las dos tablas, una encima de la otra.

4. Coloca las cartulinas de colores sobre una zona lisa y cubierta de hierba. Sujeta las esquinas con piedras para evitar que las cartulinas se vuelen o muevan.

5. Siéntate a unos 90 cm de las cartulinas con la carpeta. Mantente muy quieto y ten paciencia. Los insectos empezarán a posarse sobre las cartulinas de colores.

6. Haz una marca en la casilla correspondiente de tu tabla, cada vez que un insecto se coloque sobre un color determinado, es decir, en la casilla donde se crucen el nombre del insecto y el del color.

7. Cuando hayan transcurrido 20 minutos, suma las marcas de tu tabla y observa los tipos de insectos asociados a cada color.

8. Quita la primera tabla y sustitúyela por la segunda.

9. Pon sobre la cartulina menos visitada un poco de miel.

10. Espera otros 20 minutos y registra tus resultados, como la vez anterior.

11. Compara los datos de las dos tablas.

## Resultado

Las cartulinas roja y morada atraen más insectos como polillas, mariposas y algunas abejas, mientras que la cartulina azul gusta más a las moscas. ¡Ten cuidado porque el amarillo atrae a las avispas con rayas amarillas, igual que sucede cuando alguien viste una prenda amarilla y sale a pasar un día de campo! El color menos atractivo es el verde, ya que hay muy pocas flores verdes. Pero cuando dejas un poco de miel sobre la cartulina verde, los bichos acuden raudos, ignorando los otros colores que tanto les gustaban antes.

## Explicación

Los insectos prefieren los colores que asocian con sus néctares favoritos, por lo tanto, un color favorito significa la adaptación al medio ambiente. Si un día descubres, por ejemplo, algunas abejas pululando sobre una flor que rezume un néctar amarillo, prueba a quitar la flor. Las abejas se quedarán mirando al amarillo hasta que perciban las suculentas flores de los tréboles que hay cerca. Habrán descubierto el morado. La gota de miel sobre la cartulina verde hace que los insectos se olviden del color al olfatear un alimento. Ésta es la razón por la cual los insectos rodean tu descolorido bocata cuando sales al campo.

## ¿Lo sabías?

La mayoría de los insectos perciben colores que son invisibles para los humanos. Los colores cuya longitud de onda es muy corta, como el ultravioleta, permiten que muchos insectos vean el Sol a través de una espesa capa de nubes y puedan seguir volando. Los centros de muchos tipos de flores tienen lo que se denomina *líneas de polen*. Estas líneas, visibles o invisibles para los humanos según las ocasiones, señalan la parte de la flor que contiene el néctar. Una flor *necesita* que un insecto descubra el néctar porque, como sucede en el caso de las abejas, con el polen que queda pegado a su cuerpo fertilizará otras plantas.

# Experimentos enigmáticos con plantas

# Fosfatos y cultivo de algas

## Material necesario
3 frascos de cristal
Una cuchara como medida
Cinta adhesiva
Un rotulador
Agua para el acuario
Plantas de acuario (elodea)
Un detergente con alto contenido en fosfato

Este experimento demuestra los efectos nocivos que los detergentes con fosfatos producen en el agua, las plantas y la vida animal. Para que obtengas los mejores resultados, debes recoger agua con algas. En este caso es mejor el agua de un charco, pero también sirve la de un acuario. Si no tienes acuario, puedes llevar tus frascos a alguna tienda de mascotas y pedir que te los llenen con el agua de los depósitos de los peces. Y mientras, aprovecha para comprar tres plantas de elodea, el «objeto» de este experimento.

## Procedimiento
1. Coloca los tres frascos llenos de agua cerca de una ventana donde reciban directamente los rayos del sol.
2. Etiqueta el frasco 1 con el rótulo «control».
3. Añade una cucharadita (5 ml) del detergente con fosfato al frasco 2 y escribe en la etiqueta «una cucharadita».
4. Añade dos cucharaditas (10 ml) del detergente al frasco 3 y pon «dos cucharaditas» (si utilizas medidas anótalas en las etiquetas; por ejemplo, «5 ml» en el frasco 2 y «10 ml» en el frasco 3).

**5.** Introduce una planta de elodea en cada uno de los frascos.

**6.** Examina los frascos con atención durante las dos semanas siguientes y registra tus observaciones.

## Resultado

En un día o dos, los frascos que contienen fosfato se volverán verdes a medida que las algas crecen y se multiplican. El primer día, las plantas de elodea no se verán afectadas por las algas circundantes. En los días siguientes, sin embargo, los frascos que contienen fosfato serán mucho más verdes que el frasco con la etiqueta «control»; el bote 3, que tenía dos cucharaditas (10 ml) será el más verde de todos.

## Explicación

Tus frascos contienen unas 30.000 variedades diferentes de algas, cada una de ellas utiliza la luz del Sol

para producir el pigmento verde de la clorofila y alimentarse a través del proceso de la fotosíntesis. A medida que las algas crecen, consumen todo el oxígeno del agua, asfixiando a la elodea. Este ahogo gradual se denomina *eutroficación* y se produce porque los fostatos del detergente actúan como fertilizantes para las algas. Éstas, al multiplicarse fuera de control, destruyen al resto de las plantas y a la vida animal del agua.

La eutroficación es un asunto que preocupa mucho a los científicos, puesto que el agua contaminada con fostatos llega hasta las lagunas y los arroyos y ocasiona la muerte de muchas plantas y animales útiles.

Utiliza un tenedor y con cuidado saca la planta de elodea y examínala. ¿Parece sana?

# Calcetines viejos

**Material necesario**
Unos calcetines gruesos viejos,
    a ser posible hasta la rodilla
2 gomas
Un cuenco poco profundo con agua
Una lupa

Las plantas han desarrollado maneras muy hábiles para extender sus semillas por doquier. Algunas flores, como por ejemplo la del diente de león, tienen semillas que vuelan con el viento y se dispersan a muchos kilómetros de distancia. Ciertos árboles, como por ejemplo el arce y el olmo, tienen vainas de semillas con forma de avión que revolotean por la tierra hasta lugares bastante lejanos. Pero otras muchas plantas tienen semillas que se pegan a cualquier cosa que pase, como por ejemplo, animales, insectos o unos calcetines.

**Procedimiento**
1.  Para llevar a cabo este experimento debes vestir pantalones largos y calcetines de algodón. Colócate los calcetines por encima de los pantalones cubriéndolos y sujétalos con las gomas para evitar que resbalen.

    **PRECAUCIÓN:** Nunca camines por el campo con las piernas descubiertas. Muchos insectos pueden causarte daños, especialmente en el caso de las garrapatas, que son de un tamaño muy pequeño (como el de una semilla de amapola). Los naturalistas aconsejan llevar ropa de colores luminosos cuando se sale al campo para poder detectarlas con facilidad.

**2.** Busca un campo con hierba alta y pasea lentamente por él.

**3.** Cuando vuelvas a casa, quítate los calcetines y colócalos en el cuenco con agua. Cuando los calcetines estén completamente empapados, saca el cuenco y déjalo en un lugar soleado.

## Resultado

Después de una semana, brotarán bastantes semillas, atrapadas en las fibras del algodón de tus calcetines, y comenzarán a germinar.

## Explicación

Muchas variedades de hierbas, tales como fescue y cheat, producen semillas con delgados garfios o bar-

bas. Este tipo de semillas se prenden con facilidad a las fibras o a la piel. Observa con la lupa algunas de las semillas de tus calcetines. Aunque habrá una gran variedad de formas, todas tendrán un diseño de garfios.

## Consejo
Los retoños de tus calcetines seguro que atraen a tus amigos. Mantén una lupa cerca. Con la ayuda de una guía de campo de tu región identifica los tipos de hierba. Haz dibujos de las formas de semillas más interesantes, mostrando las estructuras de barbas comunes.

## ¿Lo sabías?
Las semillas no son la única cosa que tú o tu mascota podéis llevar a casa. El aceite tóxico de la hiedra y las plantas de roble venenosas pueden adherirse a tu ropa y a la piel y constituir un peligro durante horas. Ten cuidado si descubres una planta con tres hojas que crece al pie de los árboles y cerca del agua. Lávate y baña a tu mascota si no estás seguro del tipo de plantas que has pisado.

# Tallo de apio coloreado

## Material necesario
Un tallo de apio largo con muchas hojas
Una taza para medir
Colorante alimentario rojo y azul
3 vasos pequeños
Tijeras

Las plantas transportan los nutrientes a través de un sistema de tubos muy especializado. Todas las plantas, desde el árbol inmenso al humilde tallo de apio, tienen este sistema de tubos. Este proyecto te permitirá aprender el sistema de alimentación de las plantas.

## Procedimiento
1. Pon $^1/_2$ taza (120 ml) de agua en cada uno de los tres vasos. Colorea el agua del primer vaso con el colorante azul, con el rojo el segundo y mezcla azul y rojo para obtener un color morado en el tercer vaso.
2. Pide ayuda a una persona mayor para que con las tijeras, divida en tres partes longitudinales el tallo de apio. Introduce una de la partes del tallo en el vaso con el agua azul, otro en el vaso con el agua roja y el tercero en el vaso con el agua morada.
3. Deja el tallo en reposo durante un día o dos y observa lo que sucede.

## Resultado
Las secciones del tallo de apio se han vuelto de color azul, rojo y morado.

## Explicación

A lo largo de millones de años de evolución, el sistema circulatorio de muchas plantas ha desarrollado dos tipos de tubos: *xylem* y *phloem*. Los tubos xylem corren a lo largo de la capa exterior de tallo o tronco y trasladan los nutrientes minerales hasta las hojas. Los tubos phloem se encuentran en la zona interna de la planta y trasportan los alimentos, elaborados en las hojas, al resto de la planta. De esta manera, las plantas mantienen una circulación primitiva que las mantiene vivas.

## Consejo

Puesto que la obtención de resultados tarda unos dos días, debes preparar el apio con tiempo. Es una buena medida disponer de varias muestras de apio y lle-

var a cabo otro experimento en días consecutivos. Si durante el proceso un tallo de apio se marchita, puedes sustituirlo por otro.

## ¿Lo sabías?

Una planta puede perecer si el sistema xylem sufre algún daño. Si alguien extrae un anillo grande de la corteza de un árbol, produce la muerte por inanición de la región cercana al anillo. Por esta razón, mutilar la corteza de un árbol es siempre muy dañino.

# Cómo maduran las frutas

**Material necesario**
2 plátanos muy maduros
3 plátanos verdes
2 aguacates verdes
3 bolsas de papel marrón
Una grapadora
Un rotulador

Habrás oído alguna vez la expresión «una manzana podrida estropea las demás». Puedes decir también «un plátano maduro madura el racimo» o «un tomate rojo madura a los verdes». En este experimento, aprenderás cómo una fruta madura produce la maduración de otras.

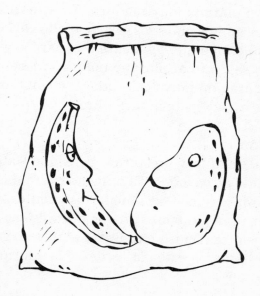

## Procedimiento

1. Coloca el primer plátano verde al aire libre y mete el otro plátano verde en una bolsa de papel y el tercer plátano verde en otra bolsa de papel junto a un plátano muy maduro. Grapa las bolsas y pégales una etiqueta indicando el contenido.
2. Saca uno de los aguacates verdes al aire libre y el otro introdúcelo en una bolsa junto al otro plátano muy maduro. Grapa la bolsa y etiquétala.
3. Deja las bolsas en reposo durante 5 días. Luego ábrelas y compara la maduración de las frutas que contienen.

## Resultado

El aguacate y el plátano verdes que habías dejado al aire libre muestran signos de maduración muy leves, en forma de manchas marrones y blandas en su piel. El plátano verde de la bolsa ha madurado algo más, pero no tanto como el que habías introducido en la bolsa junto al otro plátano muy maduro. En este caso, descubrirás que ambos plátanos se han vuelto casi negros.

Del mismo modo, el aguacate que habías guardado en la bolsa junto al plátano maduro presenta signos de maduración muy acelerada si lo comparas con el aguacate que dejaste al aire libre.

## Explicación

La fruta al madurar «respira», consume oxígeno y emite dióxido de carbono. El oxígeno estimula el proceso de maduración. Pero, misteriosamente, la fruta al madurar también emite un gas que acelera la maduración de otras frutas expuestas al mismo gas. Los científicos llaman a este gas, *etileno,* la «hormona de la maduración».

En tu experimento, la fruta situada en la misma bolsa de papel maduró rápidamente por la abundancia de gas etileno. También había algo de oxígeno en esta bolsa, que traspasó el papel. El gas etileno es un estimulante para la maduración de muy diversos tipos de frutos, tal y como has demostrado en tu experimento al combinar plátano y aguacate.

Aunque había menos oxígeno en la bolsa que contenía el plátano, finalmente comenzó a respirar su propio etileno y maduró con mayor rapidez. Las frutas que quedaron expuestas al aire libre tuvieron oxígeno suficiente para madurar, pero su hormona de la maduración voló con las corrientes de aire.

## ¿Lo sabías?

En la industria de la alimentación a veces se utiliza etileno para acelerar la maduración de la fruta en los invernaderos, como, por ejemplo, en el caso de los tomates «gaseados» que compras en invierno. Sin embargo, los gases no permiten que el almidón de la fruta o las verduras se convierta en azúcar totalmente, de modo que los tomates gaseados nunca tienen todo el sabor de los que han madurado por medios naturales. No puedes adelantar a la Madre Naturaleza.

# Injerto de planta con chicle

## Material necesario

Una maceta con una planta de tomate
de una altura aproximada de unos 30 cm
Otra maceta con una planta de patata del mismo
tamaño
Un cuchillo
Una cuerda o cordón de algodón suave
Chicle

En este proyecto vas a realizar un injerto de una planta de tomate y patata. Aunque en realidad no vas a obtener un «pomate», tu nueva planta te sorprenderá. Los experimentos con injertos deben ser planificados con anterioridad, por lo tanto, debes contar con un tiempo de al menos 8 semanas, desde que realizas el injerto de las dos plantas hasta que tu «pomate» florezca y dé frutos.

## Procedimiento

1. Coloca el tallo principal de la planta de tomate junto al tallo principal de la planta de patata. Ata, muy juntos, ambos tallos con la cuerda de algodón.
2. Con cuidado, afeita con el cuchillo cada uno de los tallos, lo suficiente como para que queden visibles los tubos interiores. Pide ayuda a una persona mayor si no has usado nunca cuchillos.
3. Presiona las superficies cortadas unas contra otras y envuélvelas con la cuerda, más tirante en esta ocasión.
4. Mastica chicle y haz pompas en la boca, hasta que esté muy blando.

**5.** Saca el chicle y presiónalo alrededor de la cuerda con la que has envuelto los tallos.

**6.** Deja que pase una semana para que el injerto se fije, comprobando si amarillean y se marchitan las plantas. Si su aspecto es saludable, corta la parte superior de la planta de patata y la inferior de la de tomate, así tu patata y tomate se convierten en un «pomate».

## Resultado

Cuando los tomates aparezcan, remueve y saca con cuidado un poco de tierra de las raíces del «pomate». ¡Verás patatas chiquititas!

## Explicación

Muchas de las frutas y verduras que se consumen habitualmente hoy en día no existían hace 100 años. Cuando los botánicos (los científicos que estudian las plantas) empezaron a descubrir la forma de combinar, o *injertar*, las plantas, nació toda una nueva gama de alimentos. El injerto es un proceso delicado y la planta injertada tarda muchos años en dar frutos que combinen las cualidades de las dos frutas originales. Esta nueva clase de fruto se llama *híbrido*, uno de los más comunes es la nectarina (melocotón y ciruela). Los botánicos también pueden hacer injertos de dos clases de árboles de ciruelas o manzanas para obtener frutas más dulces o agrias, o que resistan mejor las temperaturas extremas.

## ¿Lo sabías?

En la actualidad, los científicos están menos interesados en los injertos que en la ingeniería genética de las plantas. Al combinar genes similares de diferentes plantas, se pueden crear muchas plantas con rasgos particulares. Por ejemplo, la ingeniería genética ha producido tipos de bayas resistentes a las enfermedades y a los hongos y variedades de verduras que contienen mayor cantidad de una vitamina concreta. En el futuro, los científicos esperan combinar ciertos tipos de virus animales con determinados frutos para producir una vacuna comestible. Esto permitirá que sea más fácil y barato vacunar a la gente contra determinadas enfermedades en los países más pobres.

¿Cómo puedes distinguir una fruta de una verdura? Existe una buena regla: las frutas tienen semillas en el interior y las verduras en el exterior. ¿Qué opinas ahora de la ensalada de pepino?

# Jardín hidropónico

**Material necesario**
Una patata
Una zanahoria fresca con hojas
Semilla de hierba
Un vaso
Un plato pequeño
2 esponjas planas, del mismo tamaño
Palillos mondadientes
Papel de aluminio
Fertilizante líquido
Un cuchillo

En la década de 1980, los científicos rusos inventaron la técnica hidropónica cuando investigaban la manera de cultivar plantas sin tierra. El cultivo hidropónico significa que las raíces de las plantas se asientan en un sustituto de la tierra rico en nutrientes que puede permanecer al descubierto si es regado con una corriente estable de agua.

Este proyecto te permitirá descubrir algunas formas sencillas de cultivo hidropónico. Probablemente ya hayas tenido experiencias con hidropónicos, sin que lo sepas. Muchos tubérculos y bulbos, como las patatas y las cebollas, echan raíces mejor en agua pura donde las nuevas raíces tiernas están protegidas de los ácidos corrosivos y las plagas de la tierra. Esto es cierto también para las semillas, como por ejemplo, el aguacate y la judía pinta. La recolección de la plantas también es más fácil en agua pura.

## Procedimiento

1. Corta la patata por la mitad. Luego corta la parte superior de la zanahoria, cerca de las hojas. Pide ayuda a una persona mayor, si no tienes experiencia en el uso de cuchillos.

2. Elige la mitad de la patata con más tubérculos (ojos) y clava cuatro palillos en la zona intermedia entre el corte y la parte superior.

3. Llena uno de los vasos con agua y coloca la patata de forma que el corte quede bajo el agua.

4. Sitúa el vaso y la patata en un lugar soleado.

5. Llena el plato con la suficiente agua como para formar en el fondo un pequeño charco.

6. Pon la parte superior de la zanahoria sobre el plato y coloca el plato con la zanahoria junto a la patata.

7. Añade una gota de fertilizante líquido al agua del vaso y al plato.

8. Empapa con agua las esponjas y coloca una de ellas sobre una hoja de papel de aluminio. Añade una gota de fertilizante líquido en la zona inferior de la esponja.

9. Espolvorea las semillas de hierba sobre la zona inferior de la esponja y cúbrelas con la segunda esponja.

10. Espera algunos días y toma nota de los cambios que se generen.

## Resultado

En un plazo de una semana, verás como crecen los brotes de la patata y la zanahoria. Si levantas la esponja que contiene las semillas de hierba observarás que muchas de las semillas han retoñado y echan raíces hacia la esponja de debajo.

## Explicación

Las nuevas raíces tiernas están bien nutridas por el fertilizante líquido y el agua abundante. Finalmente, sin embargo, la patata, la zanahoria y la hierba necesitarán más nutrientes y nitrógeno que el agua y el fertilizante líquido que puedas proporcionarles. Sus raíces comenzarán a multiplicarse y enmarañarse. Llegado este punto, deben ser trasplantadas a la tierra.

## ¿Lo sabías?

El término *xeriscaping*, aunque no es exactamente lo mismo que el cultivo hidropónico, significa paisaje con plantas que consumen poca agua. El xeriscaping utiliza plantas resistentes a la sequía y hierbas de bajo mantenimiento que necesitan agua solamente cada dos o tres semanas. Este tipo de jardinería ha tenido gran éxito en los países con climas secos, donde está prohibida la utilización de grandes cantidades de agua para el riego de los jardines.

# Setas dibujantes

## Material necesario

Setas frescas, compradas en una tienda
(NO COJAS LAS SETAS DEL CAMPO.
¡ALGUNAS SON VENENOSAS!)
Una hoja de papel blanco

¿Has visto alguna vez las semillas de las setas? Puedes mirar y remirar y no las encontrarás, sencillamente porque las setas y los *hongos* en general no utilizan semillas. Por el contrario, algunas plantas, como por ejemplo las setas y los helechos, se reproducen por medio de *esporas*, que actúan como un tipo de sencillo embrión.

En las laminillas de las setas adultas se producen millones de esporas de un tamaño diminuto, sólo visibles a través del microscopio. Pero puedes reconocer fácilmente su presencia gracias a los dibujos que hacen, tal y como aprenderás en este experimento.

## Procedimiento

1. Con cuidado, separa el sombrerillo del pie de algunas setas.
2. Coloca los sombrerillos, con las laminillas hacia abajo, sobre la hoja de papel blanco.
3. Déjalas en esta posición durante varios días.
4. Quita las setas.

## Resultado

Las setas han dejado sobre el papel unos elegantes diseños en forma de abanico de color marrón.

## Explicación

Al permanecer en reposo, los sombrerillos de las setas han «madurado» y miles de diminutas esporas han caído desde las laminillas al papel. Estas esporas se han acumulado formando una imagen detallada de la superficie inferior de la seta. Cuanto más tiempo dejes en reposo la seta más oscuro será el dibujo que marque; en el caso de que sólo estuviera una hora, también señalará una forma, aunque en este caso de un color pálido.

## Consejo

Haz una exposición con los dibujos de tus setas y, si lo consideras apropiado, enmárcalos. Intenta realizar varias pruebas sobre la misma hoja, deja algunas setas durante varios días y otras sólo algunas horas. Obtendrás una amplia variedad de colores y detalles.

## ¿Lo sabías?

Las esporas son extraordinariamente variadas. Algunas son viscosas, otras pueden nadar cuando caen sobre al agua. Y otras se liberan ellas mismas de la cápsula que las contiene, cuando la temperatura ambiente es la adecuada.

# Un gran panel solar ecológico

## Material necesario

Un árbol con hojas grandes (asegúrate de que puedes cortar algunas ramas)
Una hoja de papel blanco
Una regla
Lápiz
Una calculadora

Las plantas transforman la energía solar en nutritivos alimentos. La *fotosíntesis* es el proceso por el cual una planta convierte el agua de la tierra y el dióxido de carbono del aire en azúcares, gracias a la luz del Sol.

Las hojas de una planta o de un árbol son semejantes a paneles solares en miniatura o recolectores de luz solar. Si calculas la superficie de todas las hojas de un árbol, ¿cómo sería el tamaño de un panel solar equivalente? Este proyecto te ayudará a encontrar la solución.

## Procedimiento

1. Con la regla y el lápiz, traza sobre el papel cuadrículas de 1 cm. Puedes hacer fotocopias de la cuadrícula para realizar este experimento más de una vez.
2. Recoge algunas hojas del árbol (también puedes recogerlas del suelo) y colócalas sobre la cuadrícula.
3. Traza el perfil de las hojas en la cuadrícula y, luego, quita las hojas.
4. Observa el espacio que ocupa la forma de la hoja en la cuadrícula. Dibuja una señal en forma de V

en las cuadrículas que hayan sido cubiertas por la hoja, en al menos la mitad de su superficie. Dibuja un signo menos (–) en aquellas que sólo hayan sido ocupadas en una pequeña parte. Ignora las cuadrículas restantes.

5. Suma las señales en forma de V y anota el resultado en la esquina izquierda de la cuadrícula.

6. Observa tu árbol de nuevo. Tal vez necesites unos prismáticos. Calcula el número de hojas de una ramita pequeña y apunta el resultado.

7. Calcula el número de ramitas de una rama y multiplícalo por el resultado anterior.

8. Cuenta el número de ramas de una rama mayor y multiplícalo por el resultado anterior.

9. Calcula el número de ramas que salen del tronco del árbol y multiplícalo de nuevo. El resultado es una estimación aproximada del número total de hojas del árbol.

10. Multiplica ahora el número total de hojas por el número que escribiste en la esquina izquierda de la cuadrícula.

## Resultado

El producto, resultado de la multiplicación, te da el número total de centímetros cuadrados de hojas que representa tu árbol. Un ejemplo: la hoja cubre cinco cuadrados. Escribe el número 5 en la esquina izquierda de tu cuadrícula. Luego sal al exterior y observa de nuevo el árbol y calcula que haya doce hojas en una ramita y seis ramitas en una rama. Al multiplicar 76 por 12 obtienes 72, es decir, 72 hojas en una rama. Luego, calcula cinco ramas en un rama mayor. Multiplica 5 por 72 y tendrás 360, es decir, 360 hojas en la rama grande. Y el cálculo final tendrás que ha-

cerlo sobre las cuatro ramas del tronco. Al multiplicar 4 por 360 lograrás un resultado final de 1.440 hojas en todo el árbol.

Es un número verdaderamente grande. Multiplica 1.440 por 5, el número de cuadrados que representan la superficie de las hojas. Las hojas de tu árbol se corresponden con un panel solar de 7.200 centímetros cuadrados.

## Explicación

Tanto las hojas del árbol como el panel solar transforman la energía procedente del Sol en diferentes tipos de energía. Con los paneles solares, normalmente fabricados de silicio, la energía solar se convierte en energía eléctrica. A través de las hojas, la fotosíntesis transforma la luz solar en energía química que, a su vez, produce almidón y azúcar. Pero una hoja es una fábrica de energía mucho más eficaz que un panel solar. Éstos sólo pueden transformar una pequeña fracción de luz solar en energía eléctrica, mientras que las hojas prácticamente la aprovechan por completo.

# ¿Cómo repelen las hojas el agua?

## Material necesario

Un trozo de acetato verde (puedes comprarlo
    en las tiendas de manualidades)
4 pajitas de plástico con fuelle flexible
Cartulina
Cinta adhesiva
Tijeras
Cuentagotas
Un cuenco
Agua

Es evidente que las plantas necesitan agua. Pero también necesitan protegerse del *peso* del agua que cae sobre sus hojas. Este experimento te enseñará cómo el diseño de las hojas es perfecto para esta función.

## Procedimiento

1. Recorta en el acetato verde las cuatro formas representadas en el dibujo.

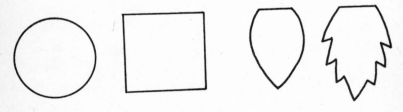

2. Dobla las cuatro pajitas y pega el extremo más corto sobre cada forma de acetato. Asegúrate de que la boca de las pajitas quede en la mitad del acetato.

3. Dobla la cartulina para hacer un soporte, según las instrucciones del dibujo de la página siguiente.

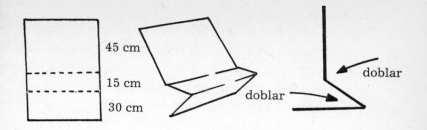

4. Pega con la cinta adhesiva el extremo más largo de la pajita 1 a la cartulina, de forma que la parte superior de la pajita asome por encima del borde de la cartulina y la forma de acetato sobresalga de la base de la cartulina. Repite el mismo procedimiento para las pajitas 2, 3 y 4.

5. Coloca el cuenco vacío debajo de las pajitas.

6. Llena el cuentagotas con agua y deja caer agua en el interior de la pajita 1. Observa el recorrido del agua, cómo mana sobre la forma de acetato y cómo ésta se empieza a doblar.

7. Deja que chorree el agua que queda en las pajitas y observa en cada momento cómo fluye el agua sobre las diversas formas.

## Resultado

En el caso de las pajitas 1 y 2, el agua se desparrama en todas direcciones. Pronto, el acetato empieza a doblarse por el peso del agua que soporta sobre su superficie. Si estas formas fueran hojas, ¿qué sucedería?

Las formas del acetato de las pajitas 3 y 4 son mucho mejores. Aquí, el agua fluye con facilidad hacia la punta y el acetato no se dobla. ¿Aprecias cómo se parecen a las formas de las hojas de una planta?

## Explicación

El diseño de las hojas ayuda a que el agua se canalice sobre su superficie. Las «tuberías de desagüe» de una hoja permiten que el agua resbale sobre su superficie. Una hoja cuadrada o circular se rompería por el peso del agua y finalmente moriría.

# Calcos de hojas

## Material necesario
Bloc de dibujo
Lápices al pastel
Tijeras pequeñas
Guantes de jardinería

Podrás observar con más facilidad los detalles de la superficie de una hoja si la colocas debajo de una hoja de papel fina y frotas con suavidad la superficie con el lápiz al pastel. Busca por tu barrio hojas con diseños interesantes y elige algunas con nervaduras o venas resaltadas. Antes de salir, aprende a reconocer y evitar aquellas hojas que *no debes tocar*: roble, hiedra y zumaque venenosos. Las hojas de estas plantas se disponen en grupos de tres en torno a un solo tallo. Una guía de campo de tu región será de gran ayuda para la recolección de las hojas.

## Procedimiento
1. Cuando salgas a la recolección de las hojas, lleva las tijeras y el bloc de dibujo. Coge hojas de los árboles, arbustos y flores de jardín (por supuesto, pide permiso primero) y colócalas en el interior del bloc de dibujo para que no se estropeen.
2. En casa, prepara una superficie lisa donde puedas frotar las hojas. Arranca una hoja del bloc y ponla frente a ti.
3. Coloca la hoja, al revés, debajo del papel. Al colocarla del revés, por el envés, obtendrás mejores resultados porque las nervaduras son más prominentes que en el haz.
4. Con dos dedos de una mano, presiona suavemente

el papel sobre la hoja. Con la otra mano, frota el lápiz sobre el papel e incluso puedes dar golpecitos. No presiones con demasiada fuerza.

5. Repite el procedimiento con todas las hojas de tu colección, utilizando colores diferentes.

## Resultado

Las hojas dejarán unas bonitas imágenes sobre el papel. Podrás apreciar muchos detalles de la superficie, como por ejemplo, los bordes y los nervios, e incluso, verás algunas manchas dejadas por los insectos o los hongos.

## Explicación

El lápiz realza la textura de tus muestras de hojas, detalles que normalmente no ves. La superficie de una hoja tiene muchas estructuras y texturas complejas. En el caso de algunas hojas, los nervios son una fina red de venas que corren en forma de abani-

co hacia la punta de la hoja. Estas formas se llaman *nervadura ramificada*. En otros casos, los nervios parecen rayas y no ramas. Esta formación se denomina *nervadura en paralelo*. Las hojas también tienen unas estructuras diminutas, estomatas, que sirven para la respiración de la planta.

## Consejos

Los dibujos de los especímenes de las hojas no sólo son un registro científico sino un bonito trabajo artístico. Puedes enmarcarlos e identificarlos, formando dos grupos según el tipo de nervadura. ¿Tienen algo en común las plantas de cada grupo?

## ¿Lo sabías?

El estado de Michigan es el que mayor número de especies de árbol tiene en todo Estados Unidos.

# Semipermeabilidad de las células

## Material necesario
Bolsas pequeñas con cierre
Maicena
Un cuenco de cristal transparente
Un recipiente para medir
Una cucharilla
Yodo

Este experimento te enseñará una de las más extraordinarias propiedades de las células, la *semipermeabilidad,* es decir, la capacidad que tiene una barrera para permitir solamente a un cierto tamaño de moléculas traspasarla. Las células, tanto en las plantas como en los animales, tienen paredes semipermeables que permiten a la vez la alimentación y la eliminación de desechos. Al mismo tiempo, estas paredes protegen a las células de las sustancias que de otra manera podrían dañarlas.

## Procedimiento
1. Añade una cucharadita de maicena (5 ml) a una taza de agua fría (250 ml). Remuévela hasta que la maicena quede completamente disuelta.
2. Pon la mezcla en una bolsa de plástico pequeña y ciérrala.
3. Vierte 4 tazas (1 litro aproximadamente) de agua caliente en el cuenco de cristal. Añade el yodo necesario para que el agua tome un ligero color amarillo.

PRECAUCIÓN: EL YODO PUEDE MANCHAR LAS MANOS Y LA ROPA. EL YODO PURO PUEDE SER PELIGROSO SI SE INGIERE.

**4.** Coloca la bolsa en el cuenco y agítala durante un minuto. Observa lo que sucede.

## Resultado

El agua del interior de la bolsa primero se vuelve azul y luego negra. El agua amarilla por el yodo no cambia de color.

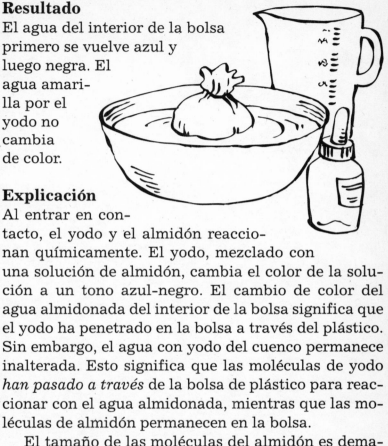

## Explicación

Al entrar en contacto, el yodo y el almidón reaccionan químicamente. El yodo, mezclado con una solución de almidón, cambia el color de la solución a un tono azul-negro. El cambio de color del agua almidonada del interior de la bolsa significa que el yodo ha penetrado en la bolsa a través del plástico. Sin embargo, el agua con yodo del cuenco permanece inalterada. Esto significa que las moléculas de yodo *han pasado a través* de la bolsa de plástico para reaccionar con el agua almidonada, mientras que las moléculas de almidón permanecen en la bolsa.

El tamaño de las moléculas del almidón es demasiado grande para traspasar la semipermeable «pared de la célula» de la bolsa de plástico. Las moléculas de yodo, más simples, no tienen este problema.

# Plantas y animales

Rotación de las plantas trepadoras
Gráfico del crecimiento de una plántula
Comparación del crecimiento de las semillas de judías
Observatorio de semillas
Impedir la germinación de semillas
Germinación sin semillas
Comparación de la germinación en monocotiledóneas
y dicotiledóneas
Mohos: comedores de almidón
La poderosa hormona de la patata
Comparación del tropismo de tres plantas
Simbiosis: lombrices y filodendro
Lombrices electrificadas
Extrae ADN de un tejido animal
¿Ven colores los perros?

# Rotación de las plantas trepadoras

## Material necesario

Semillas de guisantes dulces o de cualquier
   planta trepadora
Una maceta pequeña
Cartulina
Un clavo
Regla
Transportador de ángulos
Lápiz
Rotulador

Todas las plantas verdes necesitan la luz para llevar
a cabo el proceso de fotosíntesis. Un complejo pro-

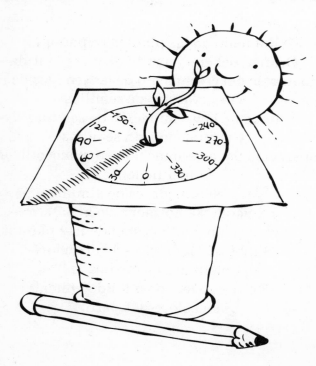

ceso que permite a las plantas elaborar a partir del agua y el oxígeno su alimento en forma de carbohidratos. Una planta mal alimentada se moverá hacia la luz para poder sobrevivir. Los científicos denominan a este proceso, el movimiento de una planta hacia la luz, *respuesta fototrópica*.

Las plantas se comportan de manera muy diferente durante su crecimiento. Algunas experimentan cambios rápidos y espectaculares ante los estímulos exteriores. Los girasoles, por el contrario, giran cada día para seguir los movimientos del Sol. Ciertos tipos de plantas trepadoras también se comportan de esta manera. Vamos a comprobarlo en este experimento.

## Movimiento del Sol

### Procedimiento

1. Planta tres o cuatro semillas de guisante en una maceta y mantén la tierra húmeda. Cuando veas el primer brote, sácalo con cuidado y plántalo en otra maceta. Utiliza esta planta para el experimento.
2. Recorta sobre la cartulina un cuadrado que se ajuste bien a la maceta. Debes dejar 5 cm desde la esquina de la cartulina al borde de la maceta.
3. Con la regla y el lápiz traza una línea diagonal que una las esquinas entre sí.
4. Con el clavo haz un agujero en el centro, en el lugar donde se cruzan las dos diagonales.
5. Coloca el punto central del transportador de ángulos sobre el agujero de la cartulina. Traza con el lápiz una línea que se ajuste al borde exterior del transportador y haz una señal cada 30 grados.
6. Sombrea el círculo y las señales con el rotulador.

Marca las líneas de los intervalos de 30 grados. Borra las líneas diagonales que conectaban las esquinas, trazadas con lápiz.

7. Si tu guisante trepador tiene al menos 2,5 cm de longitud, introduce con cuidado el extremo de la planta a través del agujero de la cartulina y deja que ésta repose sobre la maceta.

8. Saca al exterior o sitúa junto a una gran ventana la maceta con la cartulina.

9. Observa y registra los movimientos de la planta día tras día.

## Resultado

Si mantienes tu guisante en el exterior, descubrirás que la planta realiza una rotación completa como si siguiera el camino del Sol. Si la dejas cerca de una ventana, la planta girará hacia la ventana y se inclinará hacia la luz del sol, en la medida en que lo permita la ventana.

# Zarcillo girador

## Procedimiento

1. Cuando la planta haya alcanzado una longitud de unos 10 o 12 cm, retira la cartulina. Es probable que tengas que agrandar el agujero central para no dañar la planta.

2. Puesto que el grafito es dañino para las plantas, rompe la punta del lápiz y luego clava el lápiz en la tierra, con la punta hacia arriba, junto a la planta.

3. Observa la conducta de la trepadora durante una semana y analiza los resultados.

# Resultado

Tan pronto como la superficie de la trepadora toque el lápiz, se enrollará sobre él y continuará su crecimiento. Cuando alcance la parte superior del lápiz, la trepadora seguirá creciendo fuera del soporte, siguiendo el movimiento de la luz.

# Explicación

En este experimento, los guisantes han manifestado dos respuestas diferentes. La primera, *fototropismo,* es una respuesta a la luz. Cuando se exponen a una fuente de luz, las células de la parte sombría crecen más rápidamente Esto ocasiona que la planta se incline hacia la fuente de luz. La segunda, *thigmotropismo,* es una respuesta al contacto. Cuando una parte de la trepadora entra en contacto con una superficie, las células de la zona contraria crecen más rápidamente. Esto permite que la planta se enrosque alrededor del lápiz. Los científicos no han llegado a comprender este proceso en su totalidad. Parece ser que las hormonas de las plantas envían instrucciones a las células para que crezcan como respuesta a un estímulo.

# Gráfico del crecimiento de una plántula

**Material necesario**

Judías o lentejas
Una maceta de unos 10 cm
    aproximadamente y tierra
Una tira de madera de balsa de
    2,5 × 25 centímetros
Una pajita de unos 20 cm
    aproximadamente
Un alfiler
Chinchetas
Hilo
Regla
Una tira de cartulina de 7,5 × 30 cm
Un trozo de poliexpán (base)
    de 10 × 30 cm
Un rotulador de punta
    fina
Papel para gráficos
Clips
Pegamento

Este experimento te permitirá medir la velocidad del crecimiento de una plántula hasta el estado adulto. Debes recordar que este experimento, como algunos otros, requiere la germinación de la semilla, para lo cual deberás disponer de varias semanas.

**Procedimiento**

1. Planta algunas semillas de judías o lentejas en macetas pequeñas. Utiliza la primera que brote.

2. Divide la pajita en 10 secciones iguales con la ayuda de la regla y el rotulador. Clava el alfiler en la marca más cercana a uno de los extremos de la pajita. Pasa un clip por el extremo opuesto de la pajita.

3. Clava el alfiler a la tablilla de madera de balsa, de modo que quede fijada la pajita. Asegúrate de que la pajita pivote sobre la tablilla.

4. Inserta el extremo opuesto de la tablilla en la tierra de la maceta, introduciéndolo unos 5 cm. La tablilla debe permanecer en posición vertical, junto a la plántula.

5. Con cuidado, haz un lazo en el hilo y pásalo a través de la plántula. Ata el otro extremo del hilo al extremo de la pajita. Fija el nudo con un poco de pegamento, para evitar que resbale.

6. Ajusta el pivote de modo que la pajita forme un ángulo recto con la tablilla. Tal vez tengas que empujar un poco la tablilla hacia el fondo de la tierra o ajustar la longitud del hilo.

7. Coge la tira de cartulina y, con la regla y el rotulador, divídela en secciones de 2,5 cm.

8. Clava con las chinchetas la tira de cartulina sobre la base de poliexpán.

9. Coloca la planta y el pivote en el otro extremo de la base de poliexpán.

10. Prepara el papel para gráficos de modo que el eje vertical represente el crecimiento en centímetros y el eje horizontal el número de días. Mide el crecimiento de tu plántula en esta tabla.

## Resultado

A medida que la planta crece, la pajita se inclinará hacia abajo, marcando las señales trazadas sobre la cartulina cada 2,5 cm. Puesto que la pajita está dividida en 10 secciones iguales, el movimiento de la pajita incrementa el crecimiento de la plántula unas 10 veces. El patrón de crecimiento de la plántula registrará períodos de gran actividad y períodos de estancamiento. Durante estos últimos períodos, examina la plántula y observa otros signos de desarrollo.

## Explicación

Aunque nuestro gráfico está diseñado para períodos muchos mayores, la plántula de judías presenta el crecimiento más intenso del tallo en los primeros 10 días. Después de la primera semana, el tallo deja de crecer y brotan unas diminutas hojas. Durante algunos días, toda la actividad se concentra en las hojas. Cuando están plenamente desarrolladas, se reanuda el crecimiento del tallo.

# Comparación del crecimiento de las semillas de judías

**Material necesario**

10 semillas (de cada una) de judías, maíz, garbanzos y frijoles
50 guisantes secos
Un vaso de cristal
Toallitas de papel
1 taza de yeso mate
Un cubo desechable para mezclas
Un palito de madera para remover
Un vaso desechable grande
Un balde de plástico

A menudo, las semillas de las plantas tienen una cáscara dura que protege su delicado interior. Es el caso de la nuez o de la calabaza. Pero ¿cómo consiguen las delicadas plántulas salir al exterior?

# Agrietamiento del fruto de la judía

## Procedimiento

1. Divide por la mitad cada grupo de semillas: judías, maíz, garbanzos y frijoles.
2. Llena el vaso con agua caliente y deja caer en su interior cinco semillas de cada tipo. Mantén en seco el resto de las semillas.
3. Deja las semillas en remojo toda la noche. Luego, vacía el agua y pon las semillas sobre una toallita de papel.
4. Compara las semillas empapadas con las que has mantenido en seco (grupo a grupo). Anota tus observaciones.

## Resultado

Las semillas empapadas se han hinchado de forma considerable y son más blandas al tacto. Algunas pueden haber reventado la corteza, dejando ver en su interior el embrión.

## Explicación

El agua entra en la cápsula de la semilla a través de las membranas de la células y es absorbida por el embrión, que se hincha para finalmente romper la cápsula que lo contiene. Ahora la plántula está libre para empujar.

# El crecimiento del guisante

## Procedimiento

1. Mezcla en el cubo una taza de yeso (250 ml) con 2 tazas de agua (500 ml). Remueve la mezcla con el

palito hasta que el yeso alcance una consistencia de masilla blanda.

2. Añade a la mezcla anterior los 50 guisantes secos y remueve de nuevo.
3. Coloca la mezcla de yeso con guisantes en el vaso desechable.
4. Deja que la pasta se seque durante 1 hora. Luego, con cuidado, despega el vaso y deja al descubierto el yeso.
5. Llena el balde con agua e introduce, con mucho cuidado, el yeso en el agua. Déjalo en remojo toda la noche y examínalo a lo largo de algunas horas. Registra tus observaciones al día siguiente.

## Resultado

Transcurridas algunas horas, el yeso comenzará a agrietarse. A la mañana siguiente, se habrá roto en varios trozos que finalmente se despegarán unos de otros.

## Explicación

Las semillas de guisantes absorben agua a través del yeso y comienzan a hincharse. La fuerza combinada de las semillas hinchadas rompe el yeso. Ésta es la razón por la que muchas semillas germinan en terrenos duros o incluso bajo el asfalto. ¡Nunca desestimes la fuerza de una semilla hinchada!

## ¿Lo sabías?

Algunas plantas han desarrollado complejos mecanismos para agrietar y abrir las cápsulas que las contienen. Por ejemplo, la semilla de la calabaza se hincha lo suficiente como para permitir que una diminuta raíz, denominada radícula, salga al exterior a través de una pequeña abertura en el extremo de la cápsula de la semilla. Esta abertura se llama micropilo y tiene un tamaño suficiente como para permitir que el tallo y las hojas salgan al exterior. Cuando el tallo empieza a deslizarse hacia fuera, se desarrolla en su superficie una protuberancia denominada gémula, que actúa como una cuña, abriendo primero el micropilo, de modo que llegue a ser lo suficientemente grande como para dejar que el resto del tallo pase a través de él.

# Observatorio de semillas

## Material necesario
3 granos de lentejas o judías pintas
Un frasco de cristal alto y trasparente
Algodón
Agua

¿Qué sucede cuando una semilla empieza a transformarse en una planta? Normalmente no vemos este proceso, porque la mayoría de las semillas germinan bajo tierra. Si fabricas tu propio observatorio de semillas, podrás aprender cómo surge la vida a partir de una semilla.

**Nota:** Puedes combinar este experimento con el titulado «Impedir la germinación de semillas».

## Procedimiento
1. Si estás utilizando las semillas hinchadas del experimento «Impedir la germinación de semillas», avanza al siguiente paso. Si usas semillas nuevas, déjalas en remojo toda la noche.
2. Rellena el frasco de cristal con el máximo de algodón posible.
3. Introduce las semillas entre el algodón y el cristal, colocándolas hacia la mitad del recipiente.
4. Añade un poco de agua; luego coloca la mano sobre la boca del frasco y agítalo varias veces para permitir que el algodón absorba el agua. Si el algodón estuviera seco, añade más agua y repite el procedimiento.
5. Sitúa el frasco-observatorio en un lugar luminoso y cálido. Mantén húmedo el algodón, añadiéndole agua todos los días.

## Resultado

Después de uno o dos días, verás que ha aparecido en un costado de la semilla una diminuta raíz. Luego la semilla se fragmentará y observarás cómo asoma una pequeña yema que se transformará en el tallo. Examina con detenimiento las semillas. ¿Salen del mismo lugar el tallo y la raíz? Verás que la raíz proviene de una abertura como una cicatriz, denominada micropilo, mientras que la diminuta yema sale de la fractura de la semilla.

## Explicación

Para que una semilla germine lo primero que se necesita es agua: el alimento del retoño. La raíz crecerá hacia el agua, en este caso hacia el fondo, donde está el algodón húmedo. El retoño crecerá hacia arriba. La propia semilla contiene todos los nutrientes necesarios, pero como está en proceso de desintegración, necesita buscar otros nutrientes en el medio ambiente. Esta es la razón por la que finalmente tendrás que enterrar tus semillas en tierra para que crezcan plantas sanas.

# Impedir la germinación de semillas

## Material necesario
12 lentejas o pepitas de limón
Pegamento
Un cuenco poco profundo
Agua

Las semillas pueden permanecer inactivas durante años hasta que se produzcan las condiciones apropiadas para el surgimiento de la vida: agua, luz y temperatura. Pero ¿cómo sucede? ¿Qué hace que una semilla seca, aparentemente sin vida, germine o empiece a producir retoños verdes y frondosos? Los científicos han retoñado semillas de miles de años de antigüedad. En este proyecto verás cómo se preparan las semillas para la germinación.

## Procedimiento
1. Examina tus 12 semillas, asegurándote de que ninguna tenga grietas o aberturas en la piel. Obsérvalas con atención. Verás que no tienen marcas, salvo en un lado. Ahí descubrirás algo parecido a una cicatriz, y encima, un grano diminuto.
2. Coge 6 semillas y aplica un poco de pegamento sobre la cicatriz y el grano, asegurándote de que queden recubiertas por completo. Deja que seque.
3. Llena el cuenco con agua e introduce las semillas con el pegamento. Intenta mantenerlas en un lado del recipiente.
4. Mete en el otro lado del cuenco las otras 6 semillas.
5. Déjalas en remojo toda la noche.

## Resultado

Las semillas con el pegamento están exactamente igual que cuando las introdujiste en el agua. Las otras 6 están hinchadas y algunas, incluso, pueden tener la piel arrugada y agrietada.

## Explicación

El agua entra en la semilla a través de una pequeña abertura, situada junto a la cicatriz blanca. La abertura es el grano que viste anteriormente. En seis casos tapaste con pegamento el grano, de modo que el agua no pudo entrar. Esta abertura se llama micropilo.

## Consejo

Documenta con fotografías los pasos del experimento. Haz un dibujo grande del micropilo y colócalo junto al cuenco de agua. Es fascinante observar una semilla germinada. Coloca cerca una lupa y permite que tus amigos observen detenidamente las semillas.

# Germinación sin semillas

## Material necesario

Patatas, cebollas pequeñas, zanahorias, hojas
  de filodendro, hojas de geranio
Una hoja de briófito
Polvo de hormona para raíces tetrametilo
  (puedes comprarlo en tiendas de jardinería)
3 vasos pequeños
Un cuenco poco profundo
Un plato pequeño
2 macetas pequeñas
Tierra para sembrar
Palillos
Un cuchillo

Este experimento requiere un plan anticipado, ya que
necesitarás tiempo para el crecimiento. Verás que algunas plantas no necesitan semillas para reproducirse.

## Propagación vegetativa

### Procedimiento

1. Pide a una persona mayor que corte la patata por
   la mitad y la parte superior de la zanahoria. Clava unos cuantos palillos en la mitad de la patata
   y en la parte superior de la zanahoria, colocando
   la zona donde has realizado los cortes hacia abajo. Introduce también algunos palillos en la cebolla.

2. Llena los tres vasos con agua y pon en el plato una
   cucharadita de hormona de raíces (15 ml). Con
   cuidado, baña los cortes de la zanahoria y la pata-

ta en la hormona de raíces. Con suavidad, roza la parte puntiaguda de la cebolla en la hormona.

3. Coloca en sendos vasos las patata y la zanahoria; el agua debe rozar levemente la zona donde se realizaron los cortes (tal vez necesites añadir agua). Introduce la cebolla en otro vaso, el extremo puntiagudo debe quedar bajo el agua. Sitúa todas las plantas en un lugar cálido y luminoso. Cada día debes reponer en cada vaso el agua que se ha evaporado.

## Resultado

Una vez transcurrida una semana, verás que aparecen de la zona de los cortes de la zanahoria y la patata unas pequeñas raíces. El extremo puntiagudo de la cebolla también tendrá unas raíces filamentosas. Observa cómo algunas partes de la patata han cambiado de color y forma. Fíjate en las nuevas hojas verdes que crecen en la parte superior de la zanahoria. Mira el retoño verde que brota de la cebolla.

## Explicación

La patata, la cebolla y la zanahoria pueden reproducirse gracias a un proceso llamado propagación vegetativa. En realidad, la patata es un tubérculo, un tallo que crece bajo tierra. Las pequeñas protuberancias de la piel de la patata, llamadas ojos, son los órganos de la reproducción vegetativa. De cada ojo puede nacer una nueva patata, genéticamente idéntica a la planta madre. La cebolla es otro tipo de tubérculo, denominado bulbo. Pero a diferencia de la patata, toda la cebolla es un órgano reproductor. La zanahoria que comemos es también la raíz de la planta de la zanahoria. En este caso, la raíz es el órgano de propagación vegetativa.

# Especialización celular

## Procedimiento

1. Llena un cuenco plano con agua y con cuidado introduce los bordes de la hoja de briófito en la hormona de raíz. Deja la hoja en el agua.
2. Corta algunas hojas de filodendro y de geranio, asegurándote de que al menos tengan un tallo de unos 2 o 3 cm. Introduce los tallos de las hojas en el cuenco con agua.
3. Sitúa el cuenco en un lugar cálido y luminoso. Repón el agua que cada día se evapora.

## Resultado

Las hojas de filodendro y geranio tendrán raíces que surgen del lugar donde realizaste el corte en el tallo. Pero la verdadera sorpresa te la deparará la hoja de briófito. Fíjate cómo en el borde de la hoja han nacido diminutas plantas y comienzan a crecer. Estas diminutas plantas tienen raíces y hojas.

## Explicación

Cuando los esquejes de ciertas plantas se exponen a las condiciones apropiadas, sus células sufren un proceso de transformación. Las células, que normalmente forman parte del tallo, se convierten en células de raíz. Estas células se reproducen a gran velocidad y generan una raíz a partir del esqueje. Los científicos denominan a esta conducta especialización celular.

# Sobre la tierra

## Procedimiento

1. Llena las cinco macetas pequeñas con tierra. Añade agua suficiente como para humedecer toda la tierra.
2. Toma la hoja de briófito y, con la ayuda de una persona mayor, corta con cuidado las pequeñas plantas que han crecido en los bordes. Coloca cada una de estas pequeñas plantas sobre la parte superior de la tierra, en la primera maceta. Presiona la tierra que rodea a cada hoja, formando un pequeño pozo.
3. Coge las hojas de filodendro e introduce sus tallos, con cuidado, en la tierra de la segunda maceta.
4. Coloca las hojas de geranio en la tercera maceta.
5. Cubre la patata hasta la mitad con la tierra de la cuarta maceta (la superficie del corte hacia abajo). Haz lo mismo con la parte superior de la zanahoria.

6. En la última maceta, entierra la cebolla de modo que sólo sobresalga la punta del retoño.
7. Sitúa todas las plantas en una zona bien iluminada y riégalas con regularidad.

## Resultado

Con un poco de cuidado y atención, lograrás que todas tus plantas florezcan. El briófito crecerá tanto que finalmente tendrás que trasplantarlo a una maceta más grande. También tendrás que trasplantar la zanahoria.

## Explicación

Si tus plantas permanecieran en el agua, acabarían muriendo. Al crecer, las plantas utilizan sus propios nutrientes, pero, por último, necesitarán los minerales que obtienen de la tierra, especialmente el nitrógeno para las raíces.

## ¿Lo sabías?

Los científicos han realizado el experimento sobre los cultivos en un medio ambiente sin tierra. Como un sustituto de la tierra, han creado un líquido rico en nutrientes, que se pulveriza sobre las raíces que están al descubierto. Este proceso *hidropónico* permitiría una agricultura vertical sin necesidad de mucha tierra. También facilitaría los cultivos en regiones que tienen muy poca tierra.

# Comparación de la germinación en monocotiledóneas y dicotiledóneas

## Material necesario

Un paquete de las siguientes semillas:
> judía pinta, maíz y rábano (*si lo deseas puedes sustituir las judías por lentejas y el rábano por mostaza*)

Un frasco de cristal alargado
Algodón
Agua

En este experimento aprenderás que la germinación de las semillas no siempre es igual. Las diferentes germinaciones reflejan las dos clases distintas de plantas que producen semillas. De hecho, algunas plantas se desarrollan sin semillas. (Véase «Germinación sin semillas».)

**Nota:** Puedes combinar este experimento con el titulado «Observatorio de semillas».

## Procedimiento

1. Deja en remojo toda la noche 3 semillas de judía, maíz y rábano.
2. Llena el frasco con todo el algodón posible.
3. Introduce las 9 semillas empapadas entre el algodón y el cristal, situándolas en la mitad del frasco. Mantén agrupadas las semillas: judía, maíz y rábano.
4. Añade al frasco un poco de agua; luego coloca tu mano sobre la abertura y agítalo varias veces, hasta que el algodón haya absorbido completamente

el agua. Si todavía estuviera seco, pon más agua y repite el procedimiento. Sitúa el frasco en un lugar cálido y luminoso. Añade agua todos los días para mantener la humedad del algodón.

**Resultado**

Después de unos cuantos días, observa cada grupo de semillas. Verás que una raíz diminuta y un pequeño retoño han brotado de cada una de las semillas. Pero no todas han germinado de la misma manera. Fíjate en que la germinación de la judía y el rábano son semejantes, excepto en el tamaño de la raíz del rábano, mucho más pequeño. Sin embargo, la semilla de maíz ofrece un aspecto muy diferente. Mientras que de las semillas de la judía y el rábano brotan unos retoños curvos, la semilla de maíz tiene un retoño puntiagudo y erguido con un pliegue en la parte superior.

## Explicación

Las semillas de judía y rábano son *dicotiledóneas,* porque tienen dos partes. Las plantas que proceden de semillas dicotiledóneas se llaman del mismo modo. Puedes reconocer una dicotiledónea madura si miras la estructura de venas ramificadas de sus hojas. La semilla de maíz es una *monocotiledónea,* porque la semilla sólo tiene una parte. Las plantas que proceden de estas semillas también se llaman monocotiledóneas. Constituyen la variedad de plantas más primitivas y puedes identificarlas por la estructura de venas paralelas de sus hojas.

# Mohos: comedores de almidón

**Material necesario**
3 patatas crudas
6 frascos de cristal con tapa
Un cacerola con tapa
Guantes de goma
Tierra
Migajas de pan
Un pelo
Un lápiz

Los habitantes más pequeños del reino vegetal, los mohos, llevan una vida muy distinta a la de sus parientes de hojas verdes. Los mohos no tienen raíces ni flores, no utilizan semillas para reproducirse y se agrupan formando colonias. De hecho, la única razón por la que podemos observarlos es debido a su modo de vida comunitario.

Los mohos están en todas partes, en la tierra, los alimentos e, incluso, en el aire que respiramos. Algunos son muy peligrosos. Otros, como el moho de la penicilina, se han transformado en medicinas imprescindibles. El medio ambiente cálido y húmedo es su favorito. Algunos mohos se alimentan de azúcar y almidón y a otros les encantan la grasa y las proteínas. Cuando un moho se asienta en un trozo de comida, se reproduce a toda velocidad para formar una colonia.

Las bacterias son unos parientes cercanos de los mohos. Son mucho más pequeñas, pero les gustan los mismos alimentos. La tierra contiene muchas clases de bacterias. Algunas son esenciales para el crecimiento de las plantas, se adhieren a las raíces y les ayudan a absorber el nitrógeno.

Este experimento te demostrará las condiciones bajo las que se desarrollan mohos y bacterias. Los científicos que las estudian se llaman microbiólogos y, del mismo modo que ellos, cultivarás una variedad de diferentes mohos y bacterias, procedentes de fuentes diversas.

## Procedimiento

1. Antes de llevar a cabo este paso, ponte los guantes de goma. Lava los frascos y las tapas con jabón y agua muy caliente. Enjuágalos con agua caliente y enrosca las tapas.
2. Hierve agua en la cazuela y añade las patatas. Deja que hiervan durante 10 minutos; luego apaga el fuego. Deja la olla con la tapa puesta, mientras se enfría el agua. Cuando el agua esté tibia, saca las patatas.
3. Desenrosca las tapas de los frascos. Corta las patatas por la mitad e introduce una patata en cada

frasco, con el corte hacia arriba. Enrosca de nuevo las tapas, sin apretar demasiado. Etiqueta el frasco 1 con el rótulo «Patata limpia» y déjala a un lado. Es tu frasco control.

4. Remueve la tierra con la punta del lápiz. Luego, con cuidado, desenrosca la tapa del frasco 2 y toca la superficie del corte de la patata en diversos lugares con la punta del lápiz. Enrosca de nuevo la tapa, pero sin apretarla. Pon una etiqueta con el título «Tierra».

5. Quita la tapa del frasco 3. Toca con uno de tus dedos el suelo; luego frota suavemente con ese dedo la patata. Enrosca de nuevo la tapa y etiquétala «Dedo sucio».

6. Lávate las manos con agua caliente. Desenrosca la tapa del frasco 4 y roza con tus dedos la superficie de la patata. Etiqueta el bote: «Dedos lavados».

7. Destapa los frascos 5 y 6. Introduce y deja sobre una de las patatas un pelo de tu cabeza y espolvorea migas de pan sobre la patata del otro frasco. Etiqueta los recipientes.

8. Cubre los frascos con cartulina negra y sitúalos en una zona soleada. Transcurridos algunos días, descubre los recipientes y examina lo sucedido.

## Resultado

Todas las mitades de las patatas muestran zonas velludas y pequeñas áreas descoloridas. Las zonas velludas son mohos y las áreas circulares son colonias de bacterias. Las patatas con tierra presentan mayor número de colonias que la patata control, que también muestra la presencia de estos mohos y bacterias, transmitidos por el aire, y que se introdujeron en el recipiente antes de que enroscaras la tapa. Las patatas que tocaste con los dedos lavados y con los manchados con el polvo del suelo tienen el mismo grado de mohosidad. ¿Qué te sugiere en relación con el lavado con jabón? Las patatas con el pelo y las migajas también muestran colonias de mohos y bacterias, pero con un color algo diferente. Estas variedades prefieren la proteína del pelo y el gluten de las migajas del pan.

## Explicación

Los mohos, amantes del almidón, y las bacterias han colonizado las mitades de patatas. La patata con tierra tiene muchos más mohos, provenientes de la tierra. La patata limpia también tiene muestras de contaminación, pero ¿de dónde? Recuerda: quitaste las tapas para poder introducir las mitades de patata. Los mohos y bacterias que flotan en el aire se introdujeron en los frascos. Aunque los lavaste previamente con agua caliente y jabón no fue suficiente, ya que la esterilización sólo se logra mediante la ebullición.

Aunque a todos los mohos y bacterias que ves les gusta el almidón, las patatas han sido pobladas por variedades diferentes de mohos y bacterias, de acuerdo con el tipo de contaminante que utilizaste en cada caso. Observarás colores diferentes en el caso del moho del pelo y las migajas de pan. Estos mohos no sólo se alimentan de almidón, sino que también les encanta el azúcar (pan) y la proteína (cabello).

**Nota:** Los mohos y las bacterias pueden ser peligrosos. Cuando hayas terminado el experimento, desecha los mohos. Lava los frascos con agua caliente y jabón, antes de reciclarlos.

# La poderosa hormona de la patata

**Material necesario**
2 patatas pequeñas
Una jardinera plana
Un cuchillo
Tierra para sembrar

En el interior de una planta germinada se producen muchas reacciones químicas misteriosas. Por ejemplo, ¿cómo sabe una planta que debe crecer en la dirección de la luz del sol y del agua? ¿Cómo aprenden que sus raíces deben desarrollarse hacia abajo y sus tallos hacia arriba?

Los científicos piensan que las respuestas a estos interrogantes están relacionadas con las hormonas del crecimiento, las responsables del desarrollo de una planta. Estas hormonas dan instrucciones a las células para que crezcan más por un lado que por otro, lo que produce que la planta se incline en la dirección de la luz. Las mismas hormonas indican a las células de las raíces cuándo deben dividirse rápidamente para alcanzar el agua. Como podrás comprobar con este experimento, las hormonas, incluso, pueden ordenar a una planta que no crezca.

Las patatas también tienen hormonas. La patata es, en realidad, un gran tallo subterráneo, denominado *tubérculo*, que no tiene semillas y que se reproduce a través de los tubérculos (los ojos) de la piel. El tubérculo es el órgano reproductivo de la patata. Los agricultores cultivan las patatas, partiéndolas en trozos y enterrándolas en una tierra rica en minerales.

## Procedimiento

1. Llena la jardinera con la tierra y sitúala en un lugar cálido y bien iluminado

2. Coge una patata y observa con detalle la piel con los tubérculos. Hay pequeñas cavidades de donde nacerán nuevas patatas.

3. Con la ayuda de una persona mayor, corta la patata en varios trozos. Asegúrate de que haya al menos un tubérculo en cada trozo.

4. Entierra los trozos de patata en la jardinera.

5. Siembra la segunda patata entera, también en la jardinera.

6. Riega con regularidad.

7. Espera 3 semanas y luego «desentierra» todas las patatas y examínalas.

## Resultado

Después de 3 semanas, todas tus patatas habrán producido nuevas plantas sanas. Pero, mientras que de la patata entera sólo ha nacido una planta de un tubérculo, de cada trozo de patata han crecido nuevas patatas. Esto significa que la patata entera sólo utiliza uno de sus tubérculos para producir un vástago.

## Explicación

Los científicos piensan que cuando se planta una patata entera, se genera una hormona que se desplaza de un lado a otro de la planta. Esta hormona sólo permite la germinación de un tubérculo y desconecta todos los demás para que permanezcan inactivos. Por esta razón, la planta nueva no tendrá que compartir el suministro de agua y minerales con otras plantas competidoras. De cada uno de los trozos de patata han crecido plantas sanas, puesto que cada trozo tenía al menos un tubérculo. Sin embargo, si localizas algún trozo con dos tubérculos, solamente habrá brotado uno de ellos. De nuevo, la poderosa hormona de la patata ha desconectado al posible competidor.

# Comparación del tropismo de tres plantas

**Material necesario**

Semillas de judías pintas
Semillas de rábano
Un retoño de patata
Una botella con pulverizador
Red metálica
Un recipiente de plástico de 4 litros
Una caja de zapatos con tapa
Cartulina
2 cristales de marcos de foto del mismo tamaño
Fieltro de color oscuro o papel secante
Tierra para sembrar
Cintas de goma
Plastilina
Un cuentagotas
Un molde o bandeja plano
Unos alicates
Tijeras
Cinta adhesiva transparente

**Nota:** Utiliza la planta de patata del experimento titulado «Germinación sin semillas».

De forma misteriosa, las plantas saben la dirección en la que deben crecer para encontrar el agua, la luz y los minerales que necesitan para sobrevivir. Este tipo de crecimiento se denomina *tropismo*. El siguiente experimento te enseñará los tres tipos básicos de tropismo de las plantas: *hidrotropismo,* crecimiento hacia el agua; *geotropismo,* crecimiento hacia la fuerza de gravedad; *fototropismo,* crecimiento hacia la luz.

# Hidrotropismo

**Procedimiento**
1. Con la ayuda de una persona mayor, corta el recipiente de plástico por la mitad y guarda la parte inferior. Recorta un cuadrado en el fondo plano.
2. Utiliza los alicates para recortar un trozo de red metálica que se adapte al tamaño del cuadrado. Coloca la red sobre el cuadrado y fíjalo con cinta adhesiva.
3. Humedece con agua la tierra hasta que forme grumos. Poco a poco, vierte la tierra en el recipiente, cubriéndolo con la red. Si la tierra se derrama, añade más agua.
4. Coloca las semillas de judía en el centro de la tierra, sobre la red. Cubre las semillas con más tierra y pon el recipiente sobre el plato.
5. Con el pulverizador, mantén húmeda la tierra, pero no la empapes. El agua sobrante goteará a través de la red y se depositará en el plato. Si esto sucediera, sustituye el plato mojado por uno seco.

**Resultado**
Después de unos diez días, levanta el recipiente del plato y mira debajo de la red. Verás raíces pequeñas que emergen hacia abajo y, luego, bruscamente serpentean hacia la red.

**Explicación**
Las raíces de judías crecen hacia abajo como una res-

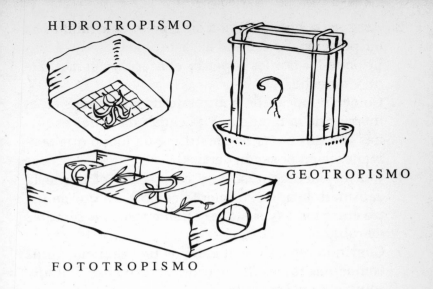

HIDROTROPISMO

GEOTROPISMO

FOTOTROPISMO

puesta a la gravedad de la Tierra (geotropismo). Pero, pronto, las raíces descubren que el agua que necesitan está en la tierra que las cubre. Las células de un lado de la raíz se desarrollan más rápido que las de otro lado, de modo que la raíz se gira y comienza a crecer hacia la tierra. Puedes deducir que es más importante para una semilla de judía localizar el agua que seguir la ley de la gravedad.

## Geotropismo

### Procedimiento

1. Quita los cristales de dos marcos de fotos. Corta un trozo de papel secante o de fieltro del mismo tamaño que los cristales y colócalo sobre uno de ellos. Espolvorea unas cuantas semillas de rábano en el centro del papel y cúbrelo con el segundo cristal, formando un bocadillo.

**109**

2. Asegura el bocadillo con las gomas, colocando una en posición horizontal y la otra en vertical, cubriendo los bordes superior e inferior y el izquierdo y derecho.

3. Coloca el bocadillo sobre uno de sus bordes en el interior de la bandeja. Fija cada una de las esquinas con dos bolas de plastilina, de modo que permanezca en posición vertical.

4. Con el cuentagotas, deja caer sobre el borde la cantidad de agua suficiente como para que se filtre entre los dos cristales y humedezca las semillas de rábano.

5. Continúa regando y al cabo de una semana, verás como unas raíces filamentosas crecen hacia abajo, sobre el papel secante.

6. Cuando los filamentos sean bastante largos, da la vuelta al bocadillo y fíjalo con la plastilina sobre el borde opuesto, y mantén el riego durante una semana más.

7. Gira el bocadillo en semanas sucesivas, hasta que vuelva a la posición original.

## Resultado

Como respuesta a la rotación, la raíces cambiarán bruscamente de dirección de modo que siempre crecerán hacia abajo. Con agua y paciencia suficientes, tus raíces trazarán un delicado patrón en espiral.

# Fototropismo

## Procedimiento

1. Quita la tapa de la caja de zapatos y déjala a un lado. Con la ayuda de una persona mayor, haz un

agujero redondo en un extremo de la caja de aproximadamente 5 cm.

2. Corta la cartulina en 3 tiras del mismo tamaño que la profundidad y unas $^3/_4$ partes de la anchura de la caja. Haz un pequeño doblez en el extremo de las tiras y pégalas al borde longitudinal interior a distancias equidistantes, alternando los lados. Tendrás 3 pantallas y una pequeña cámara en la zona trasera de la caja.

3. Introduce la patata en la pequeña cámara y cubre la caja con la tapa. Sitúala en una ventana, con el agujero mirando hacia la luz. Abre la caja solamente para regar periódicamente la patata y observar el crecimiento de la planta.

**Resultado**

Los retoños serpentearán alrededor de las pantallas hacia la luz del extremo de la caja.

# Simbiosis: lombrices y filodendro

**Material necesario**

5 lombrices
2 botellas de plástico de 2 litros
Tierra para rellenar las botellas
2 plantas de filodendro pequeñas
Maicena
Cartulina negra
Un clavo afilado
Un plato pequeño

¿Son beneficiosas las lombrices para la vida vegetal? ¿Cómo puede el humilde *anélido* contribuir al esplendor de una rosa o ayudar a la semilla del tomate a brotar y convertirse en una planta? Puedes encontrar la solución con una pareja de filodendros y unas cuantas lombrices sanas.

Para comenzar, reúne las lombrices. Debes contar con tiempo suficiente como para que las plantas crezcan y puedas observar resultados significativos. Las lombrices suben a la superficie para disfrutar de la humedad y puedes encontrarlas con facilidad en los bordes de los caminos y avenidas. Si no encuentras lombrices en la superficie, excava una capa de tierra húmeda de un jardín, de unos 5 cm aproximadamente; luego, quita la tierra de la pala. Descubrirás algunas lombrices en la tierra.

**Procedimiento**

1. Quita las etiquetas y corta la parte superior de las botellas, ahora tendrás 2 cilindros de plástico.

Con el clavo, perfora 3 agujeros en el fondo de cada botella y colócalas sobre un plato.

2. Vierte una capa de tierra en el primer cilindro; luego añade una capa de maicena. Continúa añadiendo capas de tierra y maicena hasta que el cilindro esté lleno en sus $^2/_3$ partes; luego introduce una planta de filodendro y cubre con más tierra las raíces. Presiona la tierra y comprímela alrededor de la planta. Etiqueta este cilindro con el rótulo «A».

3. Repite el paso 2 en el segundo cilindro, pero añade 4 o 5 lombrices al final. Pon una etiqueta con la letra «B».

4. Cubre los cilindros con cartulina negra y sitúalos en un lugar cálido y luminoso y riégalos con regularidad.

5. Después de algunos días, compara las plantas. ¿Cuál es el filodendro que tiene mejor aspecto? Quita la cartulina negra y compara la tierra de los cilindros.

## Resultado

El filodendro del cilindro B, el que contiene las lombrices, es más alto y más saludable. La tierra y la maicena de este cilindro se han mezclado y te resultará difícil reconocer las capas. En el cilindro A, las capas están intactas.

## Explicación

Las lombrices que añadiste al cilindro B ayudaron al filodendro. Las lombrices benefician a las plantas de muy diversas maneras y, a cambio, la planta sana les devuelve el favor. La *simbiosis* es una relación mutuamente ventajosa para dos organismos vivos, como en este caso.

Las lombrices cavan túneles e ingieren tierra, alimentándose de cualquier materia orgánica que encuentran. (Puedes observar la evidencia de su acción en la destrucción de las capas de maicena.) Esta sustancia es excretada de forma enriquecida, fertilizando el suelo gracias a los importantes minerales que contiene, como por ejemplo el nitrógeno, fósforo y potasio, así como otros valiosos micronutrientes. La planta devuelve el favor ofreciendo gran cantidad de materia orgánica podrida, un verdadero banquete para las lombrices. También añaden carbonato cálcico, un compuesto que ayuda a equilibrar el pH del suelo y puede transformar un suelo ácido o alcalino en uno neutro.

Aunque su presencia es mayor en las capas superiores (15 cm), las lombrices de tierra también trabajan en el subsuelo, trasportando tierra rica en minerales de las capas inferiores a la superficie. Lo que supone un mayor suministro de nutrientes para las plantas. Los científicos calculan que en 9 $m^2$ de tierra, las lombrices pueden transportar una cantidad de basura de entre 1,8 a 2,7 kg, desde el subsuelo hasta la superficie en un período de un año.

Las lombrices también extienden sus desechos, mezclándolos con las capas superiores del suelo (30 cm). También pueden mezclarlo mucho más abajo (1,8 m). Una tierra rica en humus puede soportar con facilidad 25 lombrices cada 0,03 $m^3$, lo que se traduce en unos 78 o 80 kg de fertilizante por año para un jardín de unos 18 $m^2$. Esto significa que tu jardín o huerto puede ser más y mejor fertilizado que si utilizaras 4,5 a 9 kg de fertilizante industrial. ¡Las lombrices te ayudan a ahorrar!

Por último, los túneles de las lombrices airean y aflojan la tierra. Esto permite una mayor cantidad de oxígeno y agua que no sólo estimula el crecimiento de las raíces sino que también mejora las condiciones para el desarrollo de ciertas bacterias beneficiosas para el suelo. Los túneles también proporcionan acceso a los niveles más profundos de la tierra para los más pequeños y numerosos microorganismos que contribuyen a la salubridad de un suelo.

**¿Lo sabías?**
Las lombrices de tierra se multiplican de forma prodigiosa, reproduciéndose incluso más rápido que los conejos. 4,5 kg de lombrices pueden convertirse en 1,8 toneladas en 2 años.

# Lombrices electrificadas

**Material necesario**
Lombrices de tierra
Una pila D-cell
30 cm de alambre, recubierto de plástico
Tijeras
Cinta adhesiva trasparente
Un periódico
Agua

Este experimento te mostrará cómo algunos animales utilizan campos electromagnéticos para orientarse. Busca lombrices en los bordes de una acera después de un día de lluvia o excava con una pala en una tierra húmeda hasta que las encuentres (5 o 7,5 cm). La corriente de una pila no las perjudicará.

**Procedimiento**
1. Con las tijeras, quita el recubrimiento plástico del cable a una distancia de los extremos de 1 o 2 cm.
2. Tumba la pila y conecta un extremo del cable al polo positivo y otro al negativo.
3. Dobla dos hojas de periódico y forma un rectángulo de 10 × 15 cm, el tamaño dependerá del tamaño de la lombriz.
4. Vierte un poco de agua sobre el periódico, empapándolo bien.
5. Pon la lombriz en el centro del periódico mojado. Es probable que al principio se mueva mucho, pero se calmará pronto.
6. Coloca el extremo positivo del cable sobre el periódico, a unos 2 o 3 cm de la lombriz. Pon el extremo

negativo a la misma distancia de la lombriz, en el lado opuesto. Registra tus resultados.

## Resultado

La lombriz se extenderá o contraerá en forma de acordeón. Si el terminal positivo está sobre la cabeza de la lombriz y el terminal negativo en la cola, la lombriz se contraerá. Si los terminales están colocados de forma inversa, la lombriz se extenderá. Puesto que es difícil distinguir la cabeza y la cola de una lombriz, ¡ésta es una buena manera de lograrlo!

## Explicación

Una corriente eléctrica débil recorre el cuerpo de la lombriz y le proporciona información sobre las condiciones de su medio ambiente. Aunque nadie conoce

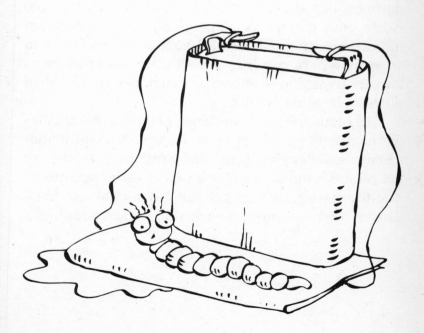

las razones exactas de este fenómeno, una corriente que se mueve en una dirección a través de una lombriz indica peligro, mientras que una corriente que se mueve en la dirección opuesta les indica que el camino es bueno para que se estire y continúe su excavación.

## ¿Lo sabías?

«Oriéntate con tu nariz». Los científicos creen que ciertas células del cuerpo de los animales contienen magnetita, un mineral (un óxido del hierro) que posee magnetismo natural. Estas «células magnéticas» podrían ayudar a algunos animales a localizar la comida o a emigrar.

Las abejas, palomas, atunes, delfines y ballenas tienen células en algunas zonas de su cerebro que contienen magnetita. Los científicos piensan que los delfines, por ejemplo, utilizan la atracción del Polo Norte para emerger y sumergirse, una información importante, ya que les indica cuándo deben salir a la superficie para respirar. A veces, las ballenas encallan en áreas donde el campo magnético de la Tierra muestra irregularidades.

Los humanos también tienen pequeñas cantidades de magnetita en sus cuerpos. Aunque las cantidades son extremadamente pequeñas y difíciles de detectar, las células magnéticas existen en el revestimiento de nuestras narices. Algunos científicos piensan que hubo un tiempo en que nuestra nariz funcionó como brújula.

# Extrae ADN de un tejido animal

**Material necesario**
$^1/_2$ taza de hígado crudo de pollo (120 ml)
Lavavajillas líquido
Un ablandador de carne
Alcohol
Una batidora
Un colador
Una taza de cristal para medir
Un vaso
Un frasco pequeño con tapa
Una cucharilla
Clips
Una platina y un microscopio (opcional)

Todas las cosas vivas contienen un fascinante ante-
proyecto de vida en forma de ácido desoxirribonu-
cleico o ADN. Los genes individuales de la molécula
de ADN determinan mucho a una planta o animal,
por ejemplo, la propensión a contraer ciertas enfermedades. Puedes extraer con facilidad ADN de algunos tipos de tejidos de plantas y animales. En este experimento utilizarás hígado crudo de pollo porque es
particularmente rico en ADN.

## Procedimiento
1. Pon $^1/_2$ taza de hígado crudo de pollo (120 ml) en la
   batidora y añade $^1/_4$ de taza de agua (60 ml). Tritú-
   ralo hasta que obtengas una mezcla espesa.
2. Coloca el colador sobre la taza de medir y vierte el
   hígado triturado.
3. Observa la cantidad de solución de hígado que tienes y añádele un tercio más de detergente líquido.

Remueve suavemente la solución con ayuda de la cucharilla.

4. Añade una cucharadita (5 ml) del ablandador de carne y remueve con cuidado durante 7 minutos. Ten paciencia y no remuevas muy deprisa o podrías romper las delicadas cadenas del ADN de la solución.

5. Vierte con cuidado en el vaso una parte de la solución.

6. Inclina el vaso y poco a poco echa alcohol sobre uno de los lados del vaso hasta que tengas tanto alcohol como solución de hígado. Espera 30 segundos y observa la solución. Después de unos 10 minutos, una cantidad de material fibroso comenzará a aparecer en la solución de hígado. Es el ADN aislado.

7. Llena el frasco pequeño con alcohol.

8. Endereza el clip y forma un pequeño garfio con uno de los extremos. Introduce el clip en la solución, sobre la mezcla de agua y alcohol, y arrastra suavemente algo del agua contenida en el ADN hacia la capa de alcohol.
Espera unos cuantos minutos más. Luego saca una muestra de ADN, la que flota en el alcohol. Coloca una muestra en la platina y obsérvala al microscopio.

9. Repite el paso 8, colocando la muestra de ADN extraída directamente del frasco con alcohol que la conserva.

10. Vacía el vaso y lávalo. Luego repite el paso 6 hasta que hayas utilizado toda la solución.

**PRECAUCIÓN:** El pollo y el hígado crudos pueden estar contaminados con la bacteria de la salmonella. Lava tus manos y todo lo que haya estado en contacto con estas sustancias con agua y jabón. Un buen hervido normalmente acaba con la salmonella.

## Resultado
La forma en espiral del ADN es evidente a la luz del microscopio.

## Explicación
Al triturar el hígado de pollo has roto las paredes y los órganos celulares de modo que el ADN flota sobre un caldo de proteínas y moléculas de grasa. El detergente, por su acción emulsionante, atrae las grasas y las extrae de las proteínas. Pero las cadenas de ADN todavía están protegidas por una corteza de proteínas. Para romper esta corteza y descubrir el ADN puro,

tienes que añadir el ablandador de carne. La reproducción final del ADN necesita alcohol. Cuando lo añades a la solución, el alcohol forma una capa. Las cadenas más ligeras de ADN flotan sobre la superficie de esta capa, mientras que los restos de proteínas y grasas más pesadas están todavía en la solución.

# ¿Ven colores los perros?

**Material necesario**

Un cachorro de 1 año

Una cámara con película en blanco y negro

6 hojas de papel con una escala de graduación
de grises

24 hojas de papel de colores, dividas en cuatro grupos
(amarillo, azul, rojo y verde) con 6 hojas en escalas
de amarillo, azul, rojo y verde (6 amarillos
diferentes, 6 azules diferentes, etc.)

Un grupo duplicado de papel coloreado,
como en el caso anterior

Un rotulador (*para numerar*)

Golosinas para perros

Un amigo que te ayude

Un cuaderno (*para registrar los resultados
del experimento*)

Mucha paciencia

Los científicos han debatido durante años la posibilidad de que los perros vean o no los colores. Hoy día, sofisticados instrumentos permiten a los científicos estudiar los ojos de los perros y su visión con un grado de precisión inimaginable hace veinticinco años. Pero el debate no ha finalizado; este experimento te ayudará a colocarte en uno u otro bando de esta vieja controversia.

Para llevar a cabo este ejercicio, debes minimizar las variables y evitar las distracciones. *No* mezcles tipos o tamaños de papel y guarda los papeles en una caja cerrada entre sesión y sesión. Debes tomarte un tiempo amplio, al menos 9 semanas.

**Procedimiento**

1. Coloca las 6 hojas numeradas de diversos amarillos contra las 6 hojas numeradas de gris y sácales una fotografía en blanco y negro. Repite este paso con las 6 hojas azules, rojas y verdes.

2. Cuando reveles las fotos, empareja cada tonalidad de un color con su equivalente más cercano en la escala de grises. Utiliza hojas limpias (sin numerar) para el experimento.

3. Elige un lugar tranquilo y luminoso para realizar el experimento. Coloca sobre el suelo una hoja de papel amarillo junto a una de color gris. Separa los papeles lo suficiente como para que puedas ver con claridad cuál de las dos elige el perro.

4. Colócate a cierta distancia de los papeles y pide a tu amigo que sujete al perro a una distancia de unos dos metros de los papeles, pero mirando hacia ti.

5. Llama al perro. Cuando se aproxime a los papeles, los olfateará. En este momento, aprieta el coman-

do ¡color! y con suavidad sostén la cabeza del perro sobre el papel amarillo. Recompensa al perro con una golosina.

6. Repite este entrenamiento día tras día durante 3 semanas. Luego, si observas algún resultado, cambia del color amarillo al azul y continúa con el entrenamiento otras 2 semanas. Sigue otras 2 semanas con el papel rojo y 2 semanas más con el papel verde. Recuerda, cada papel de color debe estar emparejado con su equivalente en la escala de grises.

7. Registra cuidadosamente la conducta del perro a lo largo de las sesiones de entrenamiento con los diferentes colores. Cuenta el número de veces que tu perro «eligió» cada color en vez del papel gris y compara el resultado con el total del número de tests de cada sesión de entrenamiento.

## Resultado

Sin que hayas obtenido conclusiones muy firmes, podemos decir que tu perro hace más elecciones significativas «correctas» (color) que incorrectas, y este número variará de acuerdo con el color del papel utilizado en cada sesión.

## Últimos descubrimientos sobre la visión del perro

Hoy en día entre los científicos existe un consenso general: el ojo del perro percibe de alguna forma el color, pero ésta no es una información que considere valiosa, de manera que tiende a ignorarla. Los herbívoros tienen la facultad de distinguir colores, lo que les sirve para reconocer los frutos maduros y las plantas comestibles. En el caso de los carnívoros terrestres, como el perro, es más importante, probablemente, detectar la forma de los objetos y la trayectoria del movimiento, especialmente cuando hay poca luz. Esto se apoya en el hecho de que los perros tienen muchos más bastoncillos en la parte central de su retina que los humanos. Los bastoncillos son las células sensibles a la luz débil y no especialmente sensibles al color.

Pero el debate continúa: ¿realmente perciben los colores los perros? Después de todo, el resultado de tu experimento parece indicar que *algo* sucede. Las últimas investigaciones apoyan la teoría de que los perros, en efecto, ven en color, pero que la visión es *dicromática*.

Esto significa que los perros ven solamente parte de los intervalos de color del espectro y no todo el espectro de colores que vemos los humanos, con nuestra visión *tricromática*. Los perros probablemente no tienen la facultad de ver los intervalos entre el verde y el rojo. Esto significa que ven mayormente las graduaciones de amarillo y azul.